铁路线路养护维修
知识问答

陈知辉　编著

中 国 铁 道 出 版 社

2 0 1 5 年 · 北 京

图书在版编目(CIP)数据

铁路线路养护维修知识问答/陈知辉编著. —北京:中国铁道出版社,2012.4(2015.7重印)
ISBN 978-7-113-14406-7

Ⅰ.①铁… Ⅱ.①陈… Ⅲ.①铁路养护—问题解答②铁路线路—维修—问题解答 Ⅳ.①U216.42-44

中国版本图书馆CIP数据核字(2012)第043628号

书　　名:铁路线路养护维修知识问答
作　　者:陈知辉　编著

策　　划:张　婕
责任编辑:张　婕　　电话:(010)51873141　　电子信箱:crph_zj@163.com
封面设计:崔　欣
责任校对:张玉华
责任印制:陆　宁

出版发行:中国铁道出版社(100054,北京市西城区右安门西街8号)
网　　址:http://www.tdpress.com
印　　刷:三河市宏盛印务有限公司
版　　次:2012年4月第1版　2015年7月第2次印刷
开　　本:880 mm × 1 230 mm　1/32　印张:4　字数:93千
书　　号:ISBN 978-7-113-14406-7
定　　价:20.00元

前言

Qian Yan

《铁路线路修理规则》是线路设备修理工作的法规，如何更好地理解规则要求，掌握线路设备的养修标准，熟练作业范围和程序，以期提高线路设备修理质量，是广大工务人员的期望。编者结合铁路轨道的基本知识，将《铁路线路修理规则》中关于设备养修基本作业的管理条文，以问答形式予以阐述，同时根据国家职业标准对铁路线路工的技能要求，结合线路设备养修的基本作业项目，针对性地做出了技能操作阐述，试图为工务工友提供简明、实用的读物小册子，以期方便理解，熟练操作，提高养修质量。

书中如有不当之处，请读者给予指正。

编　者

2012 年 3 月

目　录
Mu Lu

线路基本知识

轨道线路技术标准及要求

作业技能要求

线路基本知识

1. 什么是铁路线路？什么是铁路轨道？它们的区别是什么？

答：铁路线路是供列车运行的专用通道，它由路基、轨道线路和桥涵、隧道建筑物所组成。

铁路轨道由钢轨、轨枕、道床、联结零件、防爬设备和道岔等组成。

轨道线路是铁路的主要技术装备之一，是行车的基础。它的作用是引导机车车辆运行，直接承受由车轮传来的荷载，并把它传布给路基或桥隧建筑物。

2. 路基的作用是什么？它由什么组成？

答：路基是轨道的基础，它由天然土、石、沙构筑而成。路基整体包括三个部分。

(1)路基本体：由路基基面、路基边坡和天然地面线构成，如路堤、路堑，是路基工程的主体建筑物。路基本体直接承受轨道静荷载和列车动荷载的作用，并把这种力传布于大地。

(2)路基防护和加固建筑物：如挡土墙、支墙、护墙、护坡、铺种的草皮等。

(3)路基排水设备：如排地面水的排水沟、侧沟、天沟，吊沟、跌水沟、急流槽、缓流井、盲沟等；排地下水的排水槽、渗水暗沟、渗水隧洞等。

3. 桥涵、隧道的作用是什么？

答：涵洞的作用是为了地表排水，方便行人穿越铁路。

桥梁的作用是为了克服沟谷障碍，让铁路跨越河流。

隧道的作用是缩短铁路的建设长度，或克服高程障碍，用以穿越山岭、湖泊和城市。

4. 轨道线路具有怎样的特征？

答：特征一，它由不同力学性能的材料组成；

特征二，各部分联结不够坚固(不像房屋，用水泥砂浆或石灰砂浆作粘合剂)，浮放在散粒石砟上(有砟轨道)。

5. 轨道线路的工作特点有哪些？

答：(1)荷载的随机性和重复性：

①机车车辆的多样性；

②车列运动的复杂性,伴随附加运动(振动):

a. 竖直力;

b. 横向水平力;

c. 纵向水平力;

(2)结构的组合性和散粒性。

6. 钢轨的作用是什么?

答:钢轨为车轮的滚动提供阻力最小的接触面,直接支承并引导机车车辆的车轮行进,同时将机车车辆的荷载重力传递给轨枕。在电气化铁路或自动闭塞区段,钢轨兼作轨道电路。

7. 钢轨类型是如何界定的? 其断面尺寸为多少?

答:我国铁路的钢轨类型,是以每米钢轨的质量来分类的。

如 75 kg/m 钢轨,实际质量为 77.414 kg/m;60 kg/m 钢轨,实际质量为 60.64 kg/m;50 kg/m 钢轨,实际质量为 51.514 kg/m;43 kg/m 钢轨,实际质量为 44.653 kg/m。

钢轨断面尺寸见表 1。

表 1 钢轨断面尺寸

项目	类型(kg/m)			
	75	60	50	43
断面积(F)(cm^2)	95.04	77.45	65.8	57.0
钢轨高度(H)(mm)	192	176	152	140
钢轨底宽(B)(mm)	150	150	132	114
轨头高度(h)(mm)	55.3	48.5	42	42
轨头宽度(b)(mm)	75	73	70	70
轨腰厚度(t)(mm)	20	16.5	15.5	14.5
轨端至 1 孔距离(mm)	96	76	66	56
1 孔至 2 孔距离(mm)	316	140	150	110
2 孔至 3 孔距离(mm)	116	140	140	160
钢轨长度(L)(m)	25.0	12.5/25.0	12.5/25.5	12.5/25.0

8. 轨枕的作用及分类分别是什么?

答:轨枕是用来保持钢轨的位置、方向的,同时承受自钢轨传来的运行列车的竖向垂直力、横向水平力和纵向的水平力,并将其较均匀地分布于道床上。

轨枕按材质分有木枕、混凝土枕及钢枕三种。

轨枕按使用类别分有线路轨枕、道岔轨枕及桥梁轨枕三种。

9. 木枕的断面形式和规格有哪些?

答:木枕的断面形式为矩形,允许枕面两角为坡形。

各类木枕的规格见表2。

表2 各类木枕规格(cm)

种类		长度	厚度	面宽	底宽	侧宽
普枕	Ⅰ类	250	16	16~22	22	11~16
	Ⅱ类	250	14.5	15~20	20	10~14.5
道岔木枕		260~480	16	16	24	11~16
桥梁木枕		300	宽×高20×22,20×24,22×26			
		320	宽×高22×28,24×30			
		340	宽×高24×30			
		420,480	宽×高20×22,20×24,22×26,22×28,24×30			

注:岔枕长度每20 cm为一进级阶梯。

10. 混凝土轨枕的特点及类型是什么?

答:混凝土轨枕具有如下特点:

(1)材源较广,并易保证尺寸,使轨道弹性均匀;

(2)不受气候、腐朽、虫蛀的影响,使用寿命较木枕长;

(3)具有较高的道床阻力,能提高道床的横向稳定性;

(4)自重大,刚度大,故轨道动力坡度小;

(5)由于第四点原因,当线路存在不平顺时,列车通过时会增大轨道附加动力。

混凝土枕按使用部位的不同,可分为混凝土线路枕、混凝土岔枕、混凝土桥枕三种。

混凝土线路枕又分混凝土普通枕和混凝土宽枕。

混凝土线路普通枕又分Ⅰ型、Ⅱ型、Ⅲ型。

11. 混凝土Ⅰ型、Ⅱ型、Ⅲ型枕的外形尺寸如何?

答:混凝土Ⅰ型、Ⅱ型、Ⅲ型枕的外形尺寸见表3。

表3　混凝土Ⅰ型、Ⅱ型、Ⅲ型枕的外形尺寸(cm)

类型	截面高度		截面宽度			枕底面积(cm^2)	长度	质量(kg)
	轨下	中间	端部	轨下	中间			
Ⅰ型	20.1	16.5	29.45	28	25	6 588	250	233
Ⅱ型	20.1	16.5	29.45	28	25	6 588	250	258
Ⅲ型有肩	23.0	18.5	32.0	28	26	7 720	260	353
Ⅲ型无肩	23.0	18.5	32.0	28	26	7 720	260	349

12. 道床的作用有哪些?

答:由规定成分的石砟和积形堆集而成的道床是轨道的重要组成部分。它的作用如下:

(1)用来保持轨枕位置;

(2)承受由轨枕传来的压力,并把这个力均匀传布于较大的路基面上;

(3)一定厚度和宽度的道床,可增加轨道弹性,提高轨道的稳定性,防止轨道横向和纵向的位移;

(4)是整治轨道水平、拨正轨道方向并阻止回弹的材料。

13. 钢轨联结零件的种类及作用分别是什么?

答:钢轨联结零件分接头联结零件和中间联结零件两种。

接头联结零件由夹板(鱼尾板)、螺栓及垫圈组成。上紧螺栓的夹板用来联结两根钢轨并紧固钢轨轨端,使钢轨轨端不能横向及上下单独移动。

中间联结零件是指钢轨与轨枕之间的联结零件,用来保持钢轨在轨枕上的位置,防止钢轨在荷载条件下的横向和纵向位移。

中间联结零件分木枕和混凝土枕两种。

木枕中间联结零件由道钉(或螺纹道钉)、铁垫板组成。

混凝土枕中间联结零件有扣板式、弹条式两种。扣板式联结零件由锚固好的螺旋道钉、螺母、平垫圈、弹簧垫圈、扣板及铁座组成；弹条式联结零件由锚固好的螺旋道钉、螺母、平垫圈、弹条、轨距挡板及挡板座组成。

14. 接头夹板（鱼尾板）尺寸如何？

答：不同轨型的接头夹板尺寸见表4。

表4 接头夹板（鱼尾板）尺寸（mm）

轨型	长度	高度	厚度		中间两孔距离	1至2孔距	2至3孔距	3至端部距离	螺栓孔距
			上部	下部					
75	1 000	129.4			202	220	130	49	30
60	820	125.36	47	44	160	140	140	50	30
50	820	104.22	46	48	140	150	140	50	25
43	790	94.3	40	40	120	110	160	65	24

15. 接头螺栓规格尺寸如何？

答：接头螺栓分普通螺栓和高强度螺栓两种，其规格尺寸如表5、表6所示，与螺栓配套使用的弹簧垫圈尺寸见表7。

表5 普通螺栓尺寸（mm）

轨型（kg/m）	螺栓直径	螺栓长度	螺纹长度	螺帽宽度	螺帽厚度
60	27	141	55	47.3	30
50	24	150	60	41.6	27
43	22	135	50	41.6	25

表6 高强度螺栓尺寸（mm）

螺栓等级	轨型（kg/m）	螺栓长度	有纹杆长	有纹杆径	螺帽厚度
10.9	75	160	60	24	24
10.9	60	135	60	24	24
8.8	50	145	60	24	24
8.8	43	135	60	22	22

表7　弹簧垫圈尺寸(mm)

轨型(kg/m)	外径	内径	宽度	厚度	开口
60	50	28	11	9	≤3
50	48	26	11	8	1
43	42	24	9	7	1

16. 混凝土Ⅰ型、Ⅱ型、Ⅲ型枕的扣件技术性能如何?

答:混凝土Ⅰ型、Ⅱ型、Ⅲ型枕扣件的技术性能见表8。

表8　混凝土Ⅰ型、Ⅱ型、Ⅲ型枕的扣件技术性能

轨枕类型	Ⅰ型	调高Ⅰ型	Ⅱ型	Ⅲ型
单个初始扣压力(kN)	8.9	8.2	≥10	≥11
弹条变形量(mm)	8	9	10	13
扣压节点垂直静刚度(kN/mm)	90~120	90~120	60~80	60~80
调轨距量(mm)	-4~+8	-4~+8	-8~+12	-3~+4
调高量(mm)	≤10	≤20	≤10	0
纵向防爬阻力(kN)	14.3	13.1	16	17.6
弹条 $\phi13$	B型	A型	Ⅱ型	Ⅲ型

17. 防爬设备由什么组成?其作用是什么?

答:防爬设备由防爬器、承力板、防爬支撑所组成,其作用是用以锁定线路、道岔,增加阻止线路、道岔爬行的能力。

18. 什么是道岔?其功能是什么?有哪些类型?

答:通俗的讲,道岔就是轨道线路的分支设备,是机车车辆从一股轨道转入或越过另一股轨道的线路分支设备,它与钢轨、轨枕、道床、联结零件、防爬设备等联结构成轨道线路,同路基、桥隧建筑物等共同构建成完整的铁路运输线。

道岔根据用途不同,可分为单开道岔、双开道岔、三开道岔、交叉渡线道岔和复式交分道岔。

在我国铁路运营网中，单开道岔占95%以上。

在单开道岔中，又有普通道岔、提速道岔和客专道岔之分。

19. 什么是道岔号码？

答：道岔号码，即辙叉号码，它以辙叉角的余切表示。即辙叉角一边上任意一点到另一边的垂直距离与从辙叉心理论尖端沿该另一边到垂足的距离之比的倒数。如比值为1∶8，即为8号道岔；1∶12，即为12号道岔。

20. 什么是路堤？什么是路堑？

答：铁路线路高于地面，由砂石填筑而成的路基称之为路堤。

铁路线路低于地面，经过挖掘（挖方）而成的路基称之为路堑。

21. 什么是路肩？它有什么作用？

答：路基顶面无道砟覆盖的部分称之为路肩。

路肩的作用有：

(1)防止道砟散落于路基下，以保持道床的完整；

(2)防止路基土体在荷载作用下向两侧挤动并加强路基的稳定性；

(3)为在线路两侧设置线路标志和信号标志提供空间位置；

(4)供铁路员工行走、避车、存放线路上部材料、机具等，便于进行养路作业。

22. 铁路线路如何分类？

答：铁路线路分为正线、站线、段管线、岔线和特别用途线。

正线：是指区间连接车站并贯穿或伸入车站的线路。

站线：是指车站的到发线、调车线、编组线、牵出线、货物线、救援列车停留线、机车走行线、机待线、机车整备线、轨道衡线、车辆洗刷线、驼峰迂回线和车辆站修线等。其中，到发线是办理列车到达和出发使用的线路，双线区站有上、下行之分。

段管线：是指机务、车辆、工务、电务、供电等段专用并由其管理的线路。

岔线：是指在区间或站内接轨，通向路内外单位的专用线路。

特别用途线：是指安全线和避难线。

23. 站内和区间如何界定?

答:站内和区间按以下规定界定:

站内界定:在单线上,一端进站信号机中心线位置至车站另一端进站信号机中心位置之间属于站内;双线上,按每一正线分别确定,从一端进站信号机中心线位置至车站另一端站界标中心线位置为站内。

区间界定:在单线上,一个车站一端的进站信号机中心线至另一车站的进站信号机中心线之间为区间;在双线上,按每一正线分别确定,从一端车站站界标中心线至另一车站进站信号机中心线之间为区间。

24. 什么是股道全长、股道铺轨长度和股道的有效长度?

答:股道全长:是指线路一端的道岔基本轨接头至另一端道岔基本轨接头的长度。如为尽头式线路,则指道岔基本轨接头至车挡的长度。

铺轨长度:股道全长减去该线路上所有道岔长度后的长度。

股道有效长度:是指在站线全长范围内可以停留机车车辆而不妨碍邻线行车部分的长度。一般是出发信号机至另一端的岔后警冲标,或是出发信号机至另一端道岔的基本轨接头(有轨道电路)。

25. 什么是线路平面和线路平面图?

答:线路中心线的水平面投影,称为线路平面。

线路平面图:用一定比例尺绘制,用来表示地形和地物、线路直线、曲线及桥梁、隧道等建筑物和车站等情况的线路中心线的水平面投影图。

26. 什么是线路纵断面和线路纵断面图?

答:线路中心线的垂直投影,称为线路纵断面。

线路纵断面图:用一定比例尺绘制,用来表示地貌、土壤、线路坡度大小、坡道长短、线路中心里程、地面设计标高等情况的线路中心线的垂直断面图。

27. 什么是线路坡度? 如何表示?

答:铁路经过地形起伏不平的地区,不以大量填挖方来取平,而是修成较为平顺的斜坡,称为线路坡道。

坡道倾斜的大小,用坡度衡量,一般用千分率(‰)表示,上坡用“+”,下坡用“-”。如线路水平距离长度 1 000 m,降低了 6 m 的高度,其坡度为 -6‰。

28. 铁路列车的上行和下行是如何确定的?

答:铁路列车的上行和下行按以下规定确定:

上行方向:在干线上,朝向首都方向为上行方向;在支线上,由支线朝向连接干线的车站方向为上行方向。上行方向列车编号尾数为偶数,如2、4、6…等。

下行方向:在干线上,与向首都方向相反的为下行方向;在支线上,由连接干线的车站向支线方向的为下行方向。下行方向列车编号尾数为奇数,如1、3、5…等。

29. 站内股道如何编号?

答:站内股道应统一编号。站内正线用罗马数字(Ⅰ,Ⅱ,Ⅲ…)编号,站线用阿拉伯数字(1,2,3…)编号。

单线车站从靠近站舍的线路起向远离站舍方向按顺序编号;双线车站从正线起按顺序编号,上行为双号,下行为单号;尽头线车站向终点方向由左侧开始编号,如站舍位于线路一侧,从靠近站舍的线路起由近而远按顺序编号。

30. 道岔如何编号?

答:车站道岔应统一编号,使用阿拉伯数字(1,2,3…)编号。

一般以车站站舍中心线作为划分单、双号的分界:上行列车进站一端为双号,下行列车进站一端为单号;对渡线、交分等联动道岔,应单号或双号连续编号;车站划分车场时,每个车场的道岔单独编号,一个车站不准有相同的编号。

31. 道岔如何确认左开、右开?

答:面对道岔尖轨尖端看,侧线向左分岔的为左开道岔;向右分岔的为右开道岔。

32. 什么是顺向道岔? 什么是逆向道岔?

答:这是机车车辆通过道岔时的形位。机车车辆经过时,先经过辙叉,再经过尖轨的形位称为顺向道岔;机车车辆经过时,先经过尖轨,再经过辙叉的形位称为逆向道岔。

33. 线路设备维修分几种形式?

答:线路设备修理分为线路设备大修和线路设备维修两种形式。

34. 线路设备大修分为几类?

答:线路设备大修分为八类:

(1)全面换轨大修。分普通线路换轨大修和无缝线路换轨大修。

(2)成段更换再用轨(整修轨)。

(3)成组更换道岔和岔枕。

(4)成段更换混凝土枕。

(5)道口大修。

(6)隔离栅栏大修。

(7)其他大修(以上未涵盖的其他线路设备大修项目)。

(8)线路中修(在线路大修周期内,道床严重板结或脏污,其弹性不能满足铁路运输需要时,应进行的线路修理)。

35. 线路设备维修分为几类?

答:线路设备维修分为综合维修、经常保养、临时补修三类。

36. 线路综合维修的目的是什么?

答:综合维修的目的是:以大型养路机械为主要作业手段,全面改善轨道弹性、调整轨道几何尺寸,更换、整修失效零部件,使线路达到和恢复完好的技术状态。

37. 线路设备经常保养的目的是什么?

答:经常保养的目的是:以养路机械为主要作业手段,对全线进行有计划、有重点的经常性养护,从而保持线路质量处于均衡状态。

38. 线路设备临时补修的目的是什么?

答:临时补修的目的是:对几何尺寸超过临时补修容许偏差管理值及其他不良处所进行临时性整修,以保证行车的安全性和平稳性。

39. 线路设备综合维修的基本内容有哪些?

答:线路设备综合维修有以下基本内容:

(1)根据线路、道岔状态,全面起道捣固、拨道和改道。

(2)调整道岔各部尺寸,拨正曲线。

(3)清筛枕盒不洁道床和边坡,整治道床翻浆冒泥,补充道砟,整理道床。

(4)更换、方正和修理轨枕。

(5)调整轨缝，整修、更换和补充轨道加强设备，整治线路爬行，锁定线路、道岔。

(6)矫直、焊补、打磨钢轨，综合整治接头病害。

(7)有计划地采用打磨列车对钢轨、道岔进行预防性和修理性打磨。

(8)整修、更换和补充联结零件，并涂油。

(9)整修路肩，疏通排水设备，清除道床杂草和路肩大草。

(10)修理、补充和刷新线路标志，整修道口及其排水设备，收集旧料。

40. 线路设备经常保养的基本内容有哪些?

答:线路设备经常保养有以下基本内容:

(1)根据轨道几何尺寸超过经常保养容许偏差管理值的状态，成段整修线路。

(2)整治道床翻浆冒泥，均匀道砟，整理道床。

(3)更换和修理轨枕。

(4)调整轨缝，锁定线路、道岔。

(5)焊补、打磨钢轨，整治接头病害。

(6)有计划地成段整修扣件，螺栓涂油。

(7)无缝线路应力放散或调整。

(8)更换伤损钢轨，断轨焊复。

(9)整修防沙、防雪设备，整治冻害。

(10)整修道口，疏通排水设备，清除道床杂草和路肩大草。

(11)季节性工作、周期短于综合维修的其他单项工作。

41. 线路、道岔临时补修主要内容有哪些?

答:线路、道岔临时补修的主要内容有:

(1)整修轨道几何尺寸超过临时补修管理值的超限处所。

(2)更换或处理折断、重伤钢轨及桥上、隧道内的轻伤钢轨。

(3)更换达到更换标准的伤损夹板、折断的接头螺栓、道岔护轨螺栓、可动心轨辙叉部位的各种螺栓及钢枕立柱螺栓等。

(4)调整严重不良轨缝。

(5)疏通严重淤塞的排水设备,处理严重冲刷的路肩和道床。

(6)整修严重不良的道口设备。

(7)其他需要临时补修的工作。

42. 什么是线路轨距?

答:线路两股钢轨头部踏面下 16 mm 范围内的垂直距离称为线路轨距。

43. 什么是线路水平?

答:同一轨道横截面上左右两股钢轨顶面所在水平面的高度差,称为线路水平。

44. 什么是线路水平三角坑? 其值如何计算?

答:在轨道线路前后 18 m 的范围内,两股钢轨有三个点出现水平"正"、"负"、"正"或是"负"、"正"、"负"变化的水平差,称为水平三角坑。

其数值大的两数绝对值之和即为三角坑之值。

45. 什么是线路高低?

答:钢轨顶面纵向位置高于或低于平直钢轨顶面的偏差,称为线路高低。

线路高低有左右股之分。

46. 什么是线路轨向(方向)?

答:线路钢轨内侧轨距点垂直于轨道方向偏离轨距点平均位置的偏差,称为轨向(方向)。

直线上,纵向位置钢轨偏离直线的距离即是轨向差。

曲线上,纵向位置钢轨偏离规定弧度点(正矢)的距离即是轨向差。

线路轨向有左右股之分。

47. 什么是道岔支距?

答:道岔支距是指直股基本轨工作边至导曲线上股工作边的垂直距离。它是判定道岔导曲线轨向好坏的依据。

48. 什么叫曲线? 它的组成要素有哪些?

答:轨道线路在平面上由一个方向转向另一个方向时,避免出现折角，中间用一段弧线来连接，这段弧线称之为平面曲线，我们通常称为曲线。

组成曲线的基本要素有：

(1)曲线转向角 α，用"°、′、″"(度、分、秒)表示；

(2)曲线半径 R，用"m"表示；

(3)曲线切线 T，用"m"表示；

(4)曲线外矢距 E，用"mm"表示；

(5)曲线长度 L，用"m"表示；

(6)缓和曲线长度 l，用"m"表示。

49. 曲线类型分哪几种?

答：曲线类型分6种：

(1)同向曲线：两相邻曲线转向角方向相同的曲线。

(2)反向曲线：两相邻曲线转向角方向相反的曲线。

(3)单曲线：只有一个半径的曲线。

(4)复曲线：由两个或两个以上不同半径组成的曲线，

(5)无缓和曲线的曲线：曲线两端没有缓和曲线的曲线。

(6)有缓和曲线的曲线：曲线两端设有缓和曲线的曲线。

50. 什么是夹直线? 为什么要设置夹直线?

答：两个曲线之间的连接线段称为夹直线。

为了不使车辆转向架同时跨在两个曲线上，以保证车辆能平稳顺利通过两个曲线，两相邻曲线间必须设置一个长度不小于转向架全轴距的直线段(不小于18 m，取整20 m)。

51. 什么是曲线超高?

答：为了克服运行列车通过曲线时由离心力所产生的破坏影响，满足旅客的舒适感要求，提高运行列车的稳定性和安全性，而把曲线外股钢轨适当抬高一些，这个抬高量，称之为曲线超高。

52. 什么是竖曲线?

答：铁路线路在纵断面上两个坡段相连，为克服变坡点在垂面上的上凸或下凹的形状，以利行车安全，如同线路平面曲线一样，当两相邻坡度的代数差达到一定的数值时，在相邻坡段间用一圆顺的弧线来连接，以改善列车的运行条件，这种在线路垂直面上的弧线称为竖曲线。

53. 设置竖曲线的条件有哪些？

答：允许速度大于 160 km/h 线路，当相邻坡段代数差大于或等于 1‰时，应设置圆曲线型竖曲线，且长度不小于 25 m。允许速度不大于 160 km/h 线路，采用抛物线型竖曲线时，其相邻坡度代数差大于 2‰，须设置竖曲线；采用圆曲线型竖曲线时，其相邻坡度代数差大于 3‰，须设竖曲线。

54. 什么是无缝线路？

答：无缝线路，并非无缝。只是与普通线路比较，它的接缝少。我们所说的无缝线路，是将未经钻孔的 25 m 长度的标准轨，先在焊轨厂用接触焊或气压焊焊成 250 ~ 500 m 的长轨条，用专用的长轨运输列车运至工地，再在工地用小型气压焊焊接成设计长度。标准称为焊接长钢轨线路，通称无缝线路。

无缝线路由三个温度力区域组成：

固定区：钢轨被锁定，不能自由伸缩，承受巨大的温度力。

伸缩区：钢轨承受的温度力较小，存在伸缩位移。其长度根据年轨温差幅值、道床纵向阻力、钢轨接头阻力等参数计算确定，一般为 50 ~ 100 m。

缓冲区：普通线路结构，用以调节无缝线路轨端的轨缝。可采用 2 轨 3 缝或 3 轨 4 缝，接头螺栓必须使用不低于 10.9 级的螺栓，螺栓扭矩应保持在 700 ~ 1 100 N · m 。绝缘接头轨缝不得小于 6 mm。

55. 什么是轨温？

答：在自然环境中钢轨物体的温度叫轨温。

56. 什么是钢轨的温度应力？

答：当钢轨两端被固定，在轨温升降时，不能自由伸缩的位移所产生的钢轨内部的应力叫钢轨温度应力。

57. 什么是钢轨的温度力？

答：钢轨轨温变化时，使钢轨长度发生变化的力（拉应力、压应力）叫钢轨温度力。

58. 什么是设计锁定轨温？

答：根据气象资料和无缝线路允许升温幅度、允许降温幅度，计算确定的无缝线路锁定轨温叫设计锁定轨温。

59. 什么是锁定轨温?

答:在理论上,当温度应力 $\sigma_t = 0$ 时的轨温,即为锁定轨温。而在实际施工中,按不同的施工条件确定锁定轨温:

(1)铺设 1 ~ 2 km 轨条时,当钢轨落槽时取两端钢轨的平均轨温为锁定轨温。

(2)连入法焊连施工时,以钢轨焊连时的轨温为锁定轨温。

(3)在低温拉伸锁定时,则按拉伸量计算确定锁定轨温。

60. 最高轨温和最低轨温是如何界定的?

答:最高轨温等于最高气温加 20 ℃。

最低轨温等于最低气温。

61. 什么叫单元轨节?

答:一次锁定的连续轨条叫单元轨节。

62. 什么叫道口?

答:铁路与道路交叉且铺面宽度在 2.5 m 及以上的平面交叉点称之为道口。

铺面宽度在 2.5 m 以下(城市一般为 0.75 ~ 1.5 m,乡村一般为 0.4 ~ 1.2 m)的平面交叉称为人行过道。

63. 哪些属于线路标志?

答:公里标(含半公里标、百米标)、曲线标、圆曲线和缓和曲线始终点标、桥梁标、涵渠标、隧道(明洞)标、坡度标、管界标等属于线路标志。

64. 哪些属于信号标志?

答:警冲标、站界标、预告标、司机鸣笛标、作业标、减速地点标、停车信号牌、T 字牌、减速信号牌、减速终端信号牌等属于信号标志。

65. 什么是曲线未被平衡欠超高? 什么是曲线未被平衡过超高? 为什么要对未被平衡的欠、过超高值加以限制?

答:当列车运行在曲线上,其运行速度大于设置超高的平均速度时,离心力大于设置超高后所提供的向心力,这时说明超高不足,这个不足超高的差值称为欠超高。超高不足时,会导致外轨承受偏载,钢轨容易产生侧磨,同时也因离心力未被平衡而使旅客感觉不舒适。

当列车运行在曲线上,其运行速度小于设置超高的平均速度时,离心力小于设置超高后所提供的向心力,这时说明超高过大,这个过大超高的差值称为过超高。超高过大时,会导致内轨承受垂直磨损,钢轨容易产生飞边和压溃,同时也因向心力未被平衡而使旅客感觉不舒适。

欠超高和过超高统称为未被平衡超高,未被平衡超高使内外轨产生偏载,引起内外轨不均匀磨耗。此外,过大的未被平衡超高,有可能导致列车颠覆。因此,必须对未被平衡的超高加以限制。

66. 什么是普通无缝线路?

答:长轨条长度为2~3 km,缓冲区由2轨3缝或3轨4缝组成,一个区间由多个这样的区段组成的无缝线路,称之为普通无缝线路。

67. 什么是区间无缝线路?

答:取消了区间内的缓冲区,只保留车站道岔前后缓冲区,长轨条长度几近区间长度的无缝线路,称之为区间无缝线路。

68. 什么是跨区间无缝线路?

答:取消了道岔前后的缓冲区,采用无缝道岔,钢轨长度等于起点站至终点站的长度,这种轨条长度跨越了区间的无缝线路,称之为跨区间无缝线路。

目前我国无缝线路钢轨不间断长度最长为200.918 km。

69. 什么是无缝道岔?

答:当道岔内钢轨接头都被焊连或胶接,且道岔两端与无缝线路长轨条焊连在一起,即形成无缝道岔。

根据道岔直股和侧股的焊连情况,无缝道岔可分为全焊道岔和半焊道岔。

道岔直股和侧股都与线路长轨条焊连的称为全焊道岔。

道岔直股与线路长轨条焊连,而侧股岔后保持普通线路结构的称为半焊道岔。

70. 什么是线路起道作业?

答:为使轨道线路纵断面符合技术要求而将轨道的两股钢轨或单

股钢轨用起道机顶起，并在轨枕下捣入、垫入道砟，或在钢轨底部与轨枕之间垫入调高垫板的线路作业，称为起道作业。

71. 线路起道作业有几种形式?

答: 根据修整线路纵断面程度的不同，起道作业分有三种形式：

(1)全面起道，全面捣固(综合维修)；

(2)重点起道，全面捣固(经常保养)；

(3)重点起道，重点捣固(包括垫砟或垫板;临时补修)。

72. 什么是线路改道作业?

答: 消除轨道线路轨距偏差的作业，称为线路改道作业。

73. 什么是线路拨道作业?

答: 消除轨道的轨向(方向)偏差(改正直线上轨线不直，调整曲线上轨线不圆顺)，恢复轨道在平面上的正确位置的线路作业，称为线路拨道作业。

74. 什么是尖轨动程? 在何处测量?

答: 尖轨尖端非作用边与基本轨作用边之间的拉开距离称为尖轨动程。

道岔尖轨动程在道岔第一连接杆中心对应处测量。第一连接杆距尖轨尖端的距离一般为380 mm。

75. 正线道岔(直向)与曲线超高顺坡终点之间的直线段长度有何规定要求?

答: 允许速度大于200 km/h的线路，其长度不应小于150 m，困难条件下不得小于100 m;允许速度大于160 km/h至小于等于200 km/h的线路，其长度不应小于70 m，困难条件下不得小于30 m;允许速度大于120 km/h至小于等于160 km/h的线路，其长度不应小于40 m，困难条件下不得小于25 m;其他地段，不应小于20 m。

76. 什么是营业线施工?

答: 凡是影响营业线设备稳定、使用和行车安全的作业，均属于营业线施工。

营业线施工分为施工作业和维修作业两种。

77. 营业线施工应在什么环境下进行?

答: 营业线施工应在“天窗”内进行。

78. 什么是“天窗”?

答:“天窗”是指列车运行图中不铺画列车运行线或调整、抽减列车运行线为运营线上施工、维修作业所预留的时间,这个时间称为“天窗”。

按用途分为施工天窗和维修天窗。

79. 哪些施工作业项目必须纳入“天窗”内进行?

答:凡是影响营业线设备稳定、使用和行车安全的作业都必须纳入“天窗”内进行。

80. 纳入维修“天窗”的作业项目有哪些?

答:纳入维修“天窗”的作业项目有:

(1)单根更换钢轨;

(2)更换绝缘或普通接头夹板;

(3)更换或整修道岔尖轨、基本轨、辙叉、护轨、扳道器、转辙连接杆、可动心轨道岔辙叉的长心轨、可动心轨凸缘与接头铁联结螺栓;

(4)更换、方正轨枕连续不超过2根;

(5)在线路上焊接钢轨,焊补、打磨钢轨(不含手提砂轮打磨机)及整治接头错牙;

(6)在线路上使用直轨器、平轨机调直钢轨;

(7)在线路上使用轨缝调整器调整轨缝而不插入短轨头;

(8)道口铺面翻修(不动基础);

(9)成段清筛枕盒道砟;

(10)成段进行扣件、夹板螺栓涂油;

(11)成段改道、撤垫板、更换铁垫板、更换和整正轨下胶垫;

(12)使用有碍行车的中小型养路机械;

(13)大型养路机械维修作业;

(14)清理危石、砍伐危树影响行车安全时;

(15)钢梁上盖板涂装;

(16)安装更换防磨垫板;

(17)更换桥上护轨;

(18)清除隧道衬砌表面烟尘;

(19)隧道拱顶漏水整治;

(20)隧道衬砌裂损加固;

(21)清理修补隧道内纵向排水沟;

(22)隧道除冰;

(23)抬起钢轨,单根抽换桥枕;

(24)桥梁施工进行试顶需要起动梁身并回落原位;

(25)拨正支座,支座垫砂浆厚度在 50 mm 及以下时;

(26)桥隧施工或检查所搭的脚手架(不包括可迅速拆装的轻便装置),侵入机车车辆限界的左右及上边各加 150 mm 的范围内时;

(27)跨越线路上部且有碍行车安全的施工;

(28)利用小型爆破开挖侧沟或基坑(限于不影响路基稳定的范围)。

81. 哪些维修作业项目可在"天窗"点外进行?

答:下列维修作业可在天窗点外进行,但严禁利用速度 160 km/h 及其以上的列车与前一趟列车之间的间隔时间作业:

(1)在道床坡脚(限界)以外,进行整修栅栏、油刷线桥标志等不影响路基(道床)稳定,不侵入限界,不影响线桥设备正常使用的作业。

(2)在道床坡脚(限界)以内,不影响路基、道床稳定,仅限使用可随时带下道的小型液压起道机,小型液压起拨道机,进行均匀道砟、个别松开扣件垫片、调整轨距、紧固各类螺栓、使用手提式砂轮打磨机进行钢轨打磨作业,使用道尺、弦线、探伤仪、轨道检查仪检查线路等不影响线桥设备正常使用的作业。

82. 什么是轨道电路?

答:用轨道某一长度内的两根钢轨作为导体,钢轨接缝间加设导线而构成的电路称之为轨道电路。

轨道电路两端都用电绝缘,并有送电设备(电源装置和限流器)和受电设备(继电器)。

轨道电路应用于自动闭塞和电气集中,借以实现信号与列车(机车车辆)间的不断联系,使闭塞分区有列车(机车车辆)占用时,防护该分区的信号机不能开放,从而保证列车运行的安全,提高通过能力。

83. 什么是轨道电路的分界绝缘?

答:相邻两轨道电路区段之间都有钢轨绝缘分隔,这种划分轨道电路范围的绝缘叫分界绝缘。

84. 什么是轨道电路的极性绝缘?

答:道岔区段轨道电路比线路上的轨道电路复杂,由一组电源供给两个股道,它需要解决两个问题:第一,辙叉不应将轨道电源短路;第二,在正线或侧线上有车时均能使轨道继电器可靠地释放。为此,在道岔的辙叉部分增加一组绝缘,这叫极性绝缘,如图 1 所示。

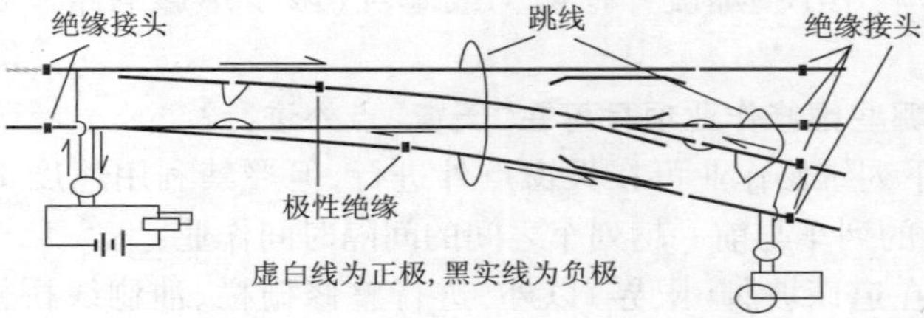

图 1

极性绝缘可以装设在直股(称为直股切割),也可以装设在曲股(称为曲股切割)。正线电气化区段的极性绝缘必须曲股切割。

极性绝缘中的任何一组破损,都会使轨道电源短路,作业时应特别注意安全保护。

85. 什么是轨道电路的侵界绝缘?

答:道岔区段轨道电路的分界绝缘应安装在道岔警冲标内方,距离警冲标不少于 3.5 m 的地方。因为当列车或车辆的车轮停在警冲标内方的轨道电路区段时,若分界绝缘与警冲标的距离小于 3.5 m,则停留车辆的车钩及车身边缘可能会侵入邻线的建筑限界。

但是,由于站场设备的布置和运输作业的需要,有时不得不把分界绝缘设置在警冲标内方小于 3.5 m 的地方。当相邻两组道岔警冲标之间的距离不足 7 m 时,其中间安装的分界绝缘称为侵入限界绝缘,简称侵界绝缘如图 2 所示。

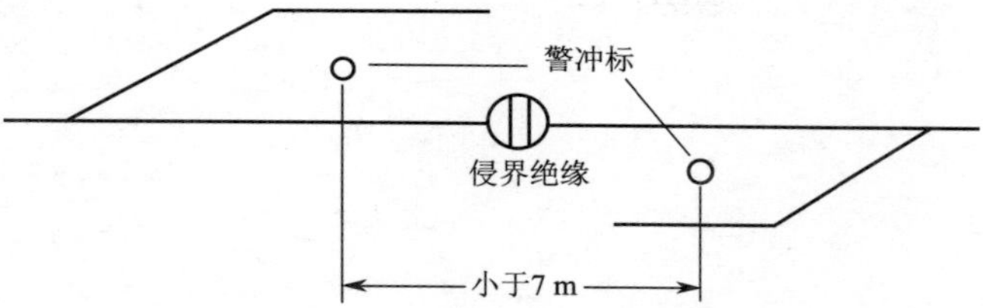

图 2　侵界绝缘示意图

警冲标是警告停车列车不准越过的标志。侵界绝缘的设置是以道岔区警冲标的位置为依据的,所以警冲标的位置应保持不变,更不能任意改变。工务进行拨道、更换道岔等施工作业时,应按警冲标的埋设标准核查警冲标的位置。

轨道线路技术标准及要求

1. 路肩宽度要求如何?

答:时速250 km区段路肩宽度不小于1.2 m;线路允许速度大于160 km/h、小于等于250 km/h的地段不得小于1.0 m;线路允许速度不大于160 km/h的地段不得小于0.8 m,路堑地段不得小于0.6 m,电气化铁路、无缝线路和机械化维修作业地段有条件时宜加宽至1.0 m。

2. 侧沟断面尺寸是如何要求的?

答:侧沟的深度不得小于0.6 m(干旱少雨地区或硬质岩石路堑可减少至0.4 m),底宽不得小于0.4 m,土质边坡为1∶1~1∶1.5,沟底纵坡不得小于2‰,困难地段不得小于1‰。横向盲沟应设于道床陷槽以下。

3. 在路基内埋设电缆时,应遵守哪些规定?

答:电缆应从路堤外或路堑顶外通过。如是过渡短路径从路肩或路堤边坡上通过时,应进行结构设计,并不得损坏原有排水、防护和加固设备。

电缆沿路堑顶部埋设时,应在堑顶天沟边2 m以外。如无天沟,应在堑顶边5 m以外。

沿路堤坡脚埋设时,应在路堤坡脚1 m以外;有护道时应在护道1 m以外。

横穿线路时,应用钢管或混凝土管防护,埋入的管顶应低于路基面0.4 m。200~250 km/h线路,埋入的管顶距钢轨顶面不得小于1.5 m。

电缆埋设后,必须及时将电缆沟填满、夯实、整平,恢复路基完好状态,并设置明显标志。

4. 道床厚度应符合什么标准?

答:道床厚度应符合表9的规定标准。

表9 道床厚度(mm)

五年内计划通过总重 W(Mt)		$W \geq 50$	$50 > W \geq 25$	$25 > W \geq 15$	$W < 15$
无垫层碎石道床	一般路基	450	450	400	350
	不易风化岩石、碎石道	350	350	300	300

续上表

五年内计划通过总重 W(Mt)		$W \geqslant 50$	$50 > W \geqslant 25$	$25 > W \geqslant 15$	$W < 15$
有垫层的碎石道床垫层		200	200	200	200
有垫层的碎石道床道床		300	300	250	250
有砟桥上及隧道内碎石道床	$v_{max} \leqslant 120$ km/h	250			
	120 km/h $< v_{max} \leqslant 200$ km/h	300			
	200 km/h $< v_{max} \leqslant 250$ km/h	350			

注:200 km/h $< v_{max} \leqslant 250$ km/h 地段,有垫层的碎石道床厚度为 350 mm。

5. 道床顶面宽度及边坡坡度应符合什么标准?

答:道床顶面宽度及边坡坡度应符合表 10 的规定标准。

表 10　道床顶面宽度(m)及边坡坡度

线路类别			顶面宽度	曲线外侧加宽		砟肩堆高	边坡坡度
				半径	加宽		
正线	无缝线路	200 km/h $< v_{max} \leqslant 250$ km/h	3.6			0.15	1:1.75
		160 km/h $< v_{max} = 200$ km/h	3.5			0.15	1:1.75
		$v_{max} \leqslant 1\ 600$ km/h	3.4	≤600	0.1	0.15	1:1.75
	普通线路	年通过总重≥8 Mt	3.1	≤600	0.1		1:1.75
		年通过总重<8 Mt	3.0	≤600	0.1		1:1.75
站 线			2.9				1:1.50

轨底处道床顶面应低于轨枕顶面 20~30 mm。Ⅰ型混凝土枕中部道床应掏空,其顶面低于枕底不得小于 20 mm,长度为 200~400 mm;Ⅱ型和Ⅲ型混凝土枕中部道床可不掏空,但应保持疏松。

6. 混凝土宽枕线路对道床要求如何?

答:混凝土宽枕线路的道床,采用一级道砟的面砟带和底层组成。

有垫层时道床厚度不得小于 250 mm,无垫层时不得小于350 mm;在岩石、渗水土路基上,隧道内及有砟桥面上,不得小于 200 mm。

面砟带道砟按粒径级配,厚度为 50 mm,每股轨下两侧宽度应各为 450~500 mm,底层为普通碎石道砟。

道床顶面宽度不得小于 2.9 m,允许速度大于 120 km/h 的线路,道床顶面应与宽枕顶面平齐,其他线路枕端埋入道床深度不得小于 80 mm。

7. 每公里线路轨枕配置根数有何规定?

答:根据运营条件的不同,不同类型的轨枕配置根数如表 11 所示。

表 11　轨枕类型和配置根数标准

<table>
<tr><td colspan="3">五年内年计划通过总重(Mt)</td><td>$W_{年} \geqslant 25$</td><td>$25 > W_{年} \geqslant 15$</td><td>$W_{年} < 15$</td></tr>
<tr><td rowspan="5">每公里的配置根数</td><td colspan="2">木枕</td><td>1 840</td><td>1 840 ~ 1 760</td><td>1 760 ~ 1 680</td></tr>
<tr><td colspan="2">Ⅱ型混凝土枕</td><td>1 840</td><td>1 760</td><td>1 760 ~ 1 680</td></tr>
<tr><td rowspan="2">Ⅲ型混凝土枕</td><td>无缝线路</td><td>1 667</td><td></td><td></td></tr>
<tr><td>普通线路</td><td>1 680</td><td></td><td></td></tr>
<tr><td colspan="2">混凝土宽枕</td><td>1 760</td><td>1 760</td><td>1 760</td></tr>
</table>

半径为 800 m 以下的曲线地段、坡度大于 12‰的下坡制动地段以及长度在 300 m 以上的隧道内,可按表 11 增加铺设根数,但木枕最多为 1 920 根/km,Ⅱ型混凝土枕最多为 1 840 根/km。

8. 哪些地段不宜铺设混凝土枕?

答:以下地段不宜铺设混凝土枕:

(1)铺设木岔枕的普通道岔两端各 5 根轨枕位置;

(2)铺设木岔枕的提速道岔两端各 50 根轨枕位置;

(3)铺设木枕的有砟桥和无砟桥的桥台挡砟墙范围内及其两端各不少于 15 根轨枕(有护轨时应延至梭头外不少于 5 根轨枕)的位置。

9. 哪些地段不宜铺设混凝土宽枕?

答:以下地段不宜铺设混凝土宽枕:

(1)不宜铺设混凝土轨枕地段;

(2)路基有翻浆冒泥、不均匀下沉、冻害等病害的地段。

10. 轨枕应按什么技术条件规定铺设?

答:轨枕铺设应符合以下技术条件规定:

(1)混凝土枕与木枕、混凝土枕与混凝土宽枕的分界处,距离钢轨接头不得少于 5 根轨枕。木枕与混凝土宽枕之间,应用不少于 25 m 的混凝土枕作为过渡。

(2)提速道岔铺设木岔枕时,应用 2 600 mm × 260 mm × 160 mm 的木枕过渡,两端过渡枕均不得少于 50 根。

(3)铺设混凝土岔枕时,应用Ⅲ型混凝土枕过渡。

①道岔直向过渡枕:v_{max}≤120 km/h 时,直向两端过渡枕均不得少于50 根;160 km/h≥v_{max} >120 km/h 时,直向两端过渡枕均不得少于75 根。

②道岔侧向过渡枕(含岔后长岔枕):18 号道岔侧向过渡枕不得少于38 根;30 号和38 号道岔侧向过渡枕均不得少于65 根。

(4)同一岔区道岔与道岔之间应铺设与过渡枕同规格的轨枕。

(5)非同类型轨枕不得混铺。

11. 使用木枕应遵守哪些规定?

答:使用木枕应遵守以下规定:

(1)宽的一面在下;顶面与底面同宽时,树心一面向下。

(2)钢轨接头处选择使用质量较好的木枕。

(3)劈裂的木枕,铺设前应捆扎或钉组钉板。

(4)使用新木枕,钉道前应预先钻孔,孔径12.5 mm,有铁垫板时孔深为110 mm,无铁垫板时孔深为130 mm。

(5)改道用的道木塞片规格为长110 mm,宽15 mm,厚5~10 mm,并经防腐处理。

12. 木枕的失效标准是什么?

答:(1)腐朽失去承压能力,钉孔腐朽无处改孔,不能持钉。

(2)折断或拼接的接合部分离,不能保持轨距。

(3)机械磨损,经削平或除去腐朽木质后,允许速度大于120 km/h的线路,其厚度不足140 mm,其他线路,厚度不足100 mm。

(4)劈裂或其他伤损,不能承压、持钉。

13. 无缝线路轨枕间距如何布置?

答:无缝线路轨枕间距应均匀布置。Ⅲ型混凝土枕配置标准为1 667 根/km。轨枕间距如表12 所示。

表12　无缝线路轨枕间距

轨枕配置根数(根/km)	轨枕间距(mm)	轨枕配置根数(根/km)	轨枕间距(mm)
1 667	600	1 840	543.5
1 760	568.2	1 920	520.8

14. 普通线路轨枕间距如何布置?

答:普通线路接头轨枕间距 c、接头侧边轨枕间距 b 以及其他部位轨枕间距 a,尺寸要求如表 13 所示。

表 13 轨枕间距尺寸

轨型	钢轨长度(m)	千米配置根数	每节轨配置数	木枕(mm)			混凝木枕(mm)		
				c	b	a	c	b	a
75 60 50	12.5	1 600	20	440	594	640	540	587	635
		1 680	21	440	544	610	540	584	600
		1 760	22	440	524	580	540	569	570
		1 840	23	440	534	550	540	544	544
		1 920	24	440	469	530	—	—	—
	25.0	1 600	40	440	537	635	540	579	630
		1 680	42	440	487	605	540	573	598
		1 760	44	440	497	575	540	549	570
		1 840	46	440	459	550	540	538	544
		1 920	48	440	472	525	—	—	—
43 38	12.5	1 440	18	500	604	720	500	604	720
		1 520	19	500	604	675	500	604	675
		1 600	20	500	564	640	500	564	640
		1 680	21	500	559	605	500	559	605
		1 760	22	500	541	575	500	541	575
		1 840	23	500	504	550	500	504	550
		1 920	24	500	513	523	—	—	—
	25.0	1 440	36	500	622	705	500	622	705
		1 520	38	500	617	665	500	617	665
		1 600	40	500	599	630	500	599	630
		1 680	42	500	554	600	500	554	600
		1 760	44	500	569	570	500	569	570
		1 840	46	500	537	545	500	537	545
		1 920	48	500	509	522	—	—	—

15. 混凝土枕(含混凝土宽枕、混凝土岔枕及短轨枕)失效标准是如何规定的?

答:(1)明显折断。

(2)纵向通裂:

①挡肩顶角处缝宽大于1.5 mm;

②纵向水平裂缝基本贯通(缝宽大于0.5 mm)。

(3)横裂(或斜裂)接近环状裂纹(残余裂缝宽度超过0.5 mm或长度超过2/3枕高)。

(4)挡肩破损,接近失去支承能力(破损长度超过挡肩长度的1/2)。

(5)严重掉块。

16. 混凝土枕(含混凝土宽枕、混凝土岔枕及短轨枕)严重伤损标准是如何规定的?

答:(1)横裂裂缝长度为枕高的1/2~2/3。

(2)纵裂:

①两螺栓孔间纵裂(挡肩顶角处缝宽不大于1.5 mm);

②纵向水平裂缝基本贯通(缝宽不大于0.5 mm)。

(3)挡肩破损长度为挡肩长度的1/3~1/2。

(4)严重网状龟裂和掉块。

(5)承轨槽压溃,深度超过2 mm。

(6)钢筋(或钢丝)外露(钢筋未锈蚀,长度超过100 mm)。

(7)斜裂长度为枕高的1/2~2/3。

17. 钉道钉有何规定?

答:(1)有铁垫板时,直线及半径800 m以上的曲线地段,每根木枕上每股钢轨内外侧各钉1个道钉;半径在800 m及以下的曲线(含缓和曲线)地段,内侧加钉1个道钉。

(2)无铁垫板时,每根枕木上每股钢轨的内外侧各钉1个道钉,4个道钉位置成八字形,道钉中心至木枕边缘的距离应大于50 mm,钢轨内外侧道钉应错开80 mm以上。

18. 钢轨折断标准是如何规定的?

答:下列情况之一者属断轨:

(1)钢轨全截面断裂。

(2)裂纹贯通整个轨头截面。

(3)裂纹贯通整个轨底截面。

(4)允许速度不大于 160 km/h 区段钢轨顶面上有长度大于50 mm 且深度大于 10 mm 的掉块;允许速度大于 160 km/h 区段钢轨顶面上有长度大于 30 mm 且深度大于 5 mm 的掉块。

19. 轨端或轨顶面剥落掉块的重伤标准是如何规定的?

答:v_{max} >120 km/h 以上线路:长度超过 25 mm 且深度超过 3 mm。

v_{max} ≤120 km/h 线路:长度超过 30 mm 且深度超过 8 mm。

20. 钢轨顶面擦伤的重伤标准是如何规定的?

答:v_{max} >120 km/h 以上线路:深度超过 1 mm。

v_{max} ≤120 km/h 线路:深度超过 2 mm。

21. 钢轨头部磨耗的重伤标准是如何规定的?

答:正线 P60 及以上钢轨:

v >160 km/h 线路,垂磨超过 10 mm,侧磨超过 12 mm 为重伤。

160 km/h≥v >120 km/h 线路,垂磨超过 11 mm;侧磨超过16 mm 为重伤。

v≤120 km/h(含其他线)线路,垂磨超过 11 mm;侧磨超过 19 mm。

v≤120 km/h(含其他线)线路,P50 轨:垂磨超过 10 mm;侧磨超过 17 mm 为重伤。

v≤120 km/h 线路,P43 钢轨:垂磨超过 9 mm;侧磨超过 15 mm 为重伤。

22. 钢轨低头的重伤标准是如何规定的?

答:v >160 km/h 线路:超过 1. 5 mm。

160 km/h≥v >120 km/h 线路:超过 2. 5 mm。

v≤120 km/h 线路:超过 3. 5 mm。

23. 钢轨锈蚀的重伤标准是什么?

答:v_{max} >120 km/h 线路:经除锈后,轨底厚度不足 8 mm 或轨腰厚度不足 14 mm。

v_{max} ≤120 km/h 线路:经除锈后,轨底厚度不足 5 mm 或轨腰厚度不足 8 mm。

24. 钢轨接头顶面或内侧错牙及工作边或轨端肥边的容许限度是多少?

答:v_{max} >120 km/h 的线路为小于等于 1 mm,v_{max} ≤120 km/h 的线路为小于等于 2 mm。

25. 钢轨硬弯和焊缝凹陷超过多少矢度需要整治? 整治后应符合什么标准?

答:v_{max} >120 km/h 的线路大于 0. 3 mm,v_{max} ≤120 km/h 的线路大于 0. 5 mm 需要整治。

整治后矢度:v_{max} >120 km/h 线路应小于等于 0. 3 mm,v_{max} ≤120 km/h线路应小于等于 0. 5 mm。

26. 轨道线路哪些部位不应有钢轨接头? 不可避免出现时应如何处置?

答:轨道线路下列部位不应有钢轨接头:

(1)明桥面小桥的全桥范围内。

(2)钢梁端部、拱桥温度伸缩缝和拱顶等处前后各 2 m 范围内。

(3)设有温度调节器的钢梁的温度跨度范围内。

(4)钢梁的横梁顶上。

(5)平交道口铺面范围内。

当在上述地点出现钢轨接头时,应将其焊接、冻结或胶接起来。

27. 普通线路对钢轨接头有何要求?

答:钢轨接头应采用相对式联结方式。直线地段应按钢轨长度误差量来配对使用。在每节轨上,相差量不应大于 3 mm,并应在前后、左右抵消,在两股钢轨上累计相差量最大不得大于 15 mm。

接头轨缝应设置均匀。每千米线路轨缝总误差,25 m 钢轨地段不得超过 80 mm,12. 5 m 钢轨地段不得超过 160 mm。不得存在连续 3 个以上的瞎缝。最大轨缝不得超过构造轨缝(18 mm)。绝缘接头轨缝不得小于 6 mm。

28. 扣件伤损达到什么标准,应有计划地修理或更换?

答:扣件伤损达到以下标准时应有计划地修理或更换:

(1)螺旋道钉折断、浮起,螺帽或螺杆丝扣损坏,严重锈蚀。

(2)垫圈损坏或作用不良。

(3)弹条、扣板(弹片)损坏或不能保持应有的扣压力。

(4)扣板、轨距挡板严重磨损,扣板、轨距挡板前后离缝超过2 mm 。

(5)挡板座、铁座损坏或作用不良。

29. 轨道线路对扣件有什么要求?

答:扣件类型应与轨枕、钢轨及轨下胶垫类型相匹配。扣件应保持齐全,位置正确,作用良好。扣板(弹片)扣件扭矩应保持在80~1 400 N·m。弹条扣件的中部前端下颚应靠贴轨距挡板(离缝不大于1 mm)或扭矩应保持在80~150 N·m。Ⅲ型扣件后拱内侧距预埋件端部应不大于10 mm,扣压力应保持在8~13.2 kN。

30. 木枕线路对铁垫板和道钉有何要求?

答:铁垫板和道钉应齐全,作用良好,缺少时应及时补充,道钉浮起或松动时应及时整治。当铁垫板折断、变形、严重锈蚀或丧失固定立柱螺栓功能时应及时更换。当道钉钉头脱落、严重锈蚀或下颚磨耗达3 mm及以上时应及时更换。

31. 轨道线路对钢轨接头螺栓有何要求?

答:接头螺栓应齐全,作用良好,缺损时应及时补充和更换。普通线路接头螺栓扭矩应达到表14 的规定值。防松接头紧固件的扭矩应达到表15 所列的规定值。

表14 普通线路接头螺栓扭矩标准

项　目	单　位	25 m 钢轨						12.5 m 钢轨	
		轨温差>85 ℃			轨温差≤85 ℃				
钢 轨	kg/m	60 及以上	50	43	60 及以上	50	43	50	43
螺栓等级	–	10.9	10.9	8.8	10.9	8.8	8.8	8.8	8.8
扭矩	N·m	700	600	600	500	400	400	400	400
不小于	N·m	600	500	500	400	300	300	300	300
c 值	mm	6			4			2	

注:①c 值为接头阻力及道床阻力限制钢轨自由伸缩的数值。

②高强度绝缘接头螺栓扭矩不小于700 N·m。

表 15　接头防松紧固件扭矩标准

防松螺母类型	8 级	10 级	12 级
扭矩(N·m)	400~600	600~1 000	900~1 100

32. 接头螺栓及垫圈伤损达到什么标准时应及时更换?

答:接头螺栓及垫圈伤损达到以下标准时应及时更换:

(1)螺栓折断,严重锈蚀、丝扣损坏或杆径磨耗超过 3 mm 不能保持规定的扭矩。

(2)垫圈折断或失去弹性。

33. 接头夹板伤损达到什么标准时应及时更换?

答:接头夹板伤损达到以下标准时应及时更换:

(1)折断。

(2)中间两螺栓孔范围内裂纹:正线、到发线有裂纹;其他站线平直及异型夹板超过 5 mm,双头及鱼尾形夹板超过 15 mm。

(3)其他部位裂纹发展到螺栓孔。

34. 轨道线路对加强设备有何要求?

答:轨道加强设备应保持数量齐全,作用良好,缺少时应有计划的补充。单方向锁定的防爬设备由 1 对防爬器和 3 对支撑组成;双方向锁定的防爬设备由 2 对防爬器和 3 对支撑组成。

防爬器与轨枕之间应设承力板,防爬支撑断面不应小于 120 cm^2,防爬支撑应与轨枕密贴。

35. 轨道线路对位移观测桩的设置有何要求?

答:普通线路正线,有防爬设备地段每 0.5 km 设置 1 对位移观测桩;无防爬设备地段每 1 km 设置 1 对位移观测桩。

普通无缝线路每段应设位移观测桩 5 对(固定区中间点 1 对,伸缩区始、终点各 1 对)。

跨区间和全区间无缝线路,单元轨条长度大于 1 200 m 时,设置 7 对位移观测桩(单元轨条起、讫点,距单元轨条起、讫点 100 m 及 400 m 和单元轨条中点各设置 1 对);单元轨条长度不大于 1 200 m 时,设置 6 对位移观测桩(单元轨条起、讫点,距单元轨条起、讫点 100 m 及 400 m 各设置 1 对)。

无缝道岔设3对位移观测桩，在间隔铁或限位器处设1对，在岔头、岔尾处各设1对。

36. 轨道线路对曲线超高有何限制?

答:客货共线线路，实设最大超高，在单线上不得大于125 mm，在双线上不得大于150 mm；客运专线，实设最大超高不得大于180 mm。

37. 轨道线路对曲线未被平衡欠超高有何限制要求?

答:客货共线线路，未被平衡欠超高不应大于75 mm，困难情况下不应大于90 mm，个别特殊情况下已设置的90（不含）~110 mm的欠超高应逐步改造。

客运专线，未被平衡欠超高不应大于40 mm，困难情况下不应大于80 mm。

38. 轨道线路对曲线未被平衡过超高有何限制要求?

答:客货共线线路，未被平衡过超高不应大于30 mm，困难情况下不应大于50 mm，个别特殊情况下已设置的不应大于70 mm。

客运专线，未被平衡过超高不应大于40 mm，困难情况下不应大于80 mm。

39. 曲线超高顺坡有何规定要求?

答:曲线超高应在整个缓和曲线内顺完。

容许速度大于120 km/h的线路，顺坡坡度不应大于$1/(10v_{max})$，其他线路不大于$1/(9v_{max})$。

在困难条件下，速度大于120 km/h的线路超高顺坡，可按不大于$1/(8v_{max})$设置；其他线路按不大于$1/(7v_{max})$设置。

当$1/(7v_{max})$的值大于2‰时，按2‰设置。

如缓和曲线长度不足，顺坡可延顺至直线上。

允许速度为120（不含）~160 km/h线路在直线上的顺坡超高不应大于8 mm；其他线路在直线上的顺坡超高不应大于15 mm。

允许速度大于160 km/h的线路，超高必须在整个缓和曲线内顺完。

如无缓和曲线，速度160 km/h以下的线路，在直线上的顺坡坡度不大于$1/(10v_{max})$，其顺坡超高值不大于8 mm；其他线路在直线上的顺坡坡度不应大于$1/(9v_{max})$，在直线上的顺坡值不应大于25 mm。

40. 复曲线超高如何顺坡?

答:复曲线两圆曲线的曲率差大于表16规定数值时,应设置中间缓和曲线。其超高应在正矢递减范围内(即半径变化点前后各10 m共20 m的范围内),从较大超高向较小超高均匀顺坡。

表16　复曲线可不设中间缓和曲线的两圆曲线的最大曲率差

行车速度(km/h)	140	120	100	80
两圆曲线的最大曲率差	1/6 000	1/4 000	1/2 000	1/1 000

41. 夹直线长度不符合规定要求时,两曲线间如何顺坡?

答:允许速度不大于120 km/h的特殊困难地段,夹直线长度不足25 m时,可在直线部分设置不短于25 m的相等超高段,如图3所示。

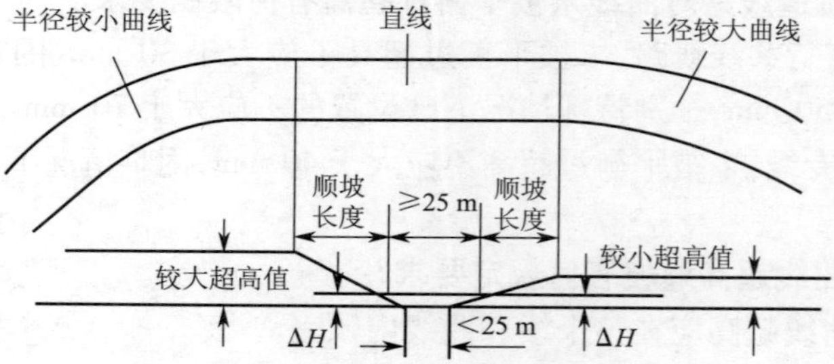

图3　保持相等超高的顺坡

如设置相等超高段困难,可在直线部分从较大超高向较小超高均匀顺坡,如图4所示。

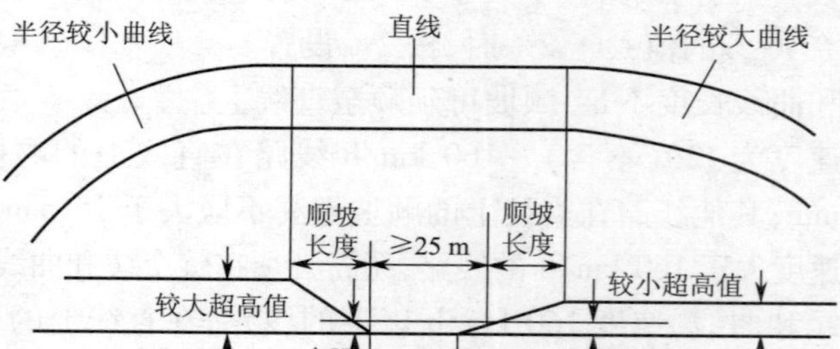

图4　从较大超高向较小超高顺坡

42. 两曲线间,缓和曲线长度不符合规定要求时,如何顺坡?

答:在缓和曲线长度不足的条件下,如将超高顺坡向夹直线的一端或两端上延伸,两顺坡终点间的直线长度不足 25 m 时,可在直线部分设置不短于 25 m 的相等超高段。

在设置相等超高段时,可根据夹直线的长度,在一端或两端上有顺坡延伸,以及根据延伸顺坡量的大小,确定在夹直线的一部分上或全长范围内设置相等超高。

(1)夹直线的一端缓直(或直缓)点为顺坡终点(即不需向直线上延伸),另一端顺坡需向夹直线上延伸,至使夹直线段短于 25 m 时(如图 5 中的虚线所示),可将缓直(或直缓)点适当抬高,减缓原顺坡坡度,使其满足设置不短于 25 m 相等超高段需要,见图 5 中"≥25 m"的实线直线段。

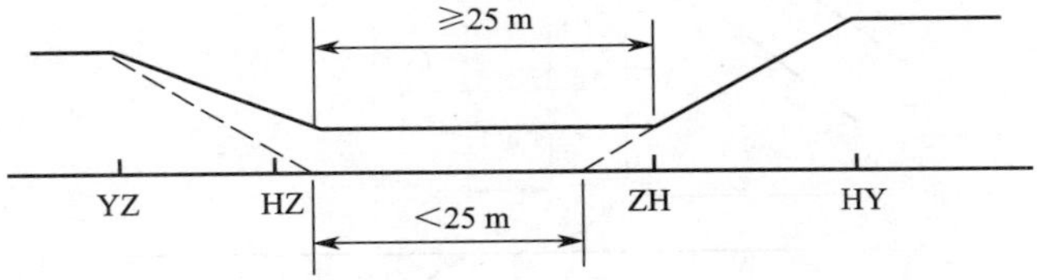

图 5　抬高缓直(直缓)点顺坡

(2)两端向夹直线均匀顺坡:可在夹直线的一部分上设置不短于 25 m 的相等超高段,如图 6 所示。

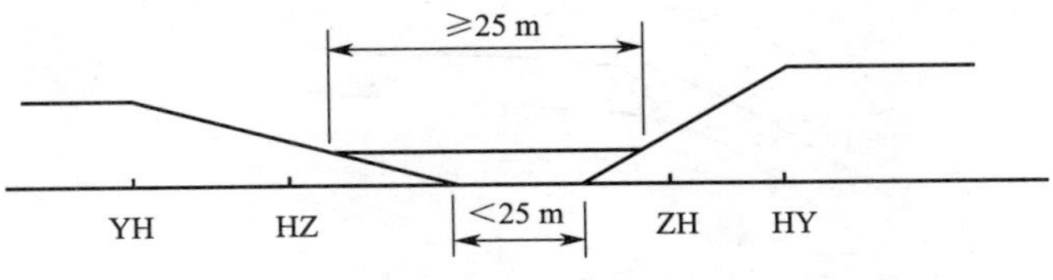

图 6　两端向夹直线顺坡

(3)夹直线长度等于或稍长于 25 m 时,可在夹直线的全长范围内设置相等超高段。

(4)在困难条件下(夹直线长度短于 25 m 或受设备条件限制时):

可在直线部分从较大超高向较小超高均匀顺坡，如图 7 所示。

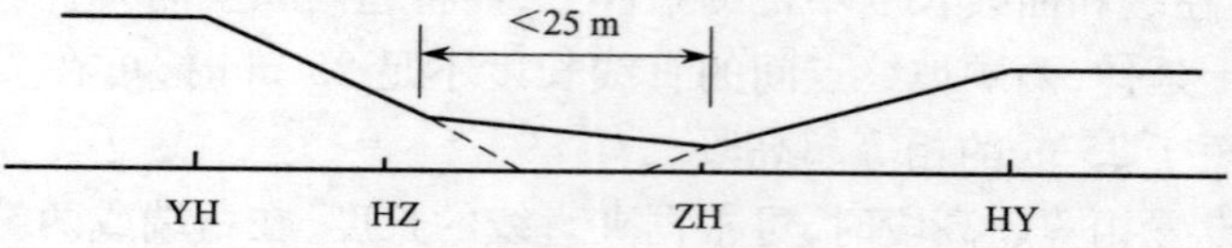

图 7　较大超高向较小超高顺坡

（5）反向曲线两超高顺坡终点间的夹直线长度不足最小长度要求时，超高顺坡可延伸至圆曲线上，但圆曲线始终点的未被平衡欠超高不得超过 90 mm，如图 8、图 9 所示。

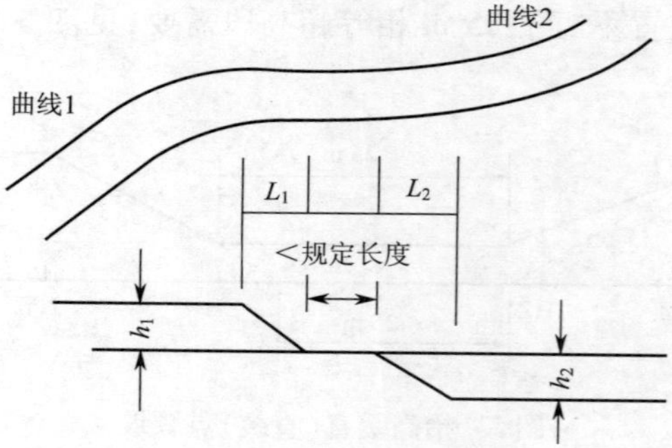

图 8　夹直线不足规定长度

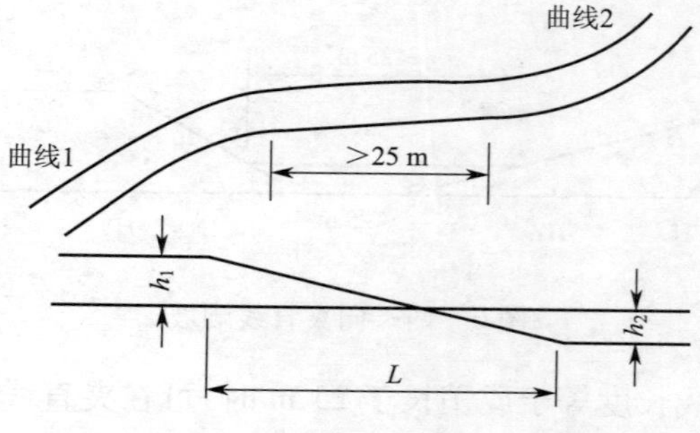

图 9　超高延顺至圆曲线上

43. 我国铁路轨道线路的标准轨距是多少？曲线轨距加宽是怎样规定的？

答：我国铁路轨道线路的标准轨距是 1 435 mm。

曲线轨道线路轨距根据不同的曲线半径，采用不同的轨距加宽值。新建、改建线路的曲线轨距加宽值如表 17 所示；未经改造线路的曲线轨距加宽值如表 18 所示。

表 17 曲线轨距加宽值

曲线半径 R(m)	$R \geqslant 350$	$350 > R \geqslant 300$	$R < 300$
加宽值 W(mm)	0	5	15

表 18 未经改造的线路曲线轨距加宽值

曲线半径 R(m)	651 及以上	650～451	450～351	350 及以下
加宽值 W(mm)	0	5	10	15

44. 曲线轨距加宽递减有什么规定？

答：(1) 曲线轨距加宽应在整个缓和曲线内递减，递减率一般不得大于 1‰。如无缓和曲线，则在直线上递减，递减率也不得大于 1‰。

(2) 复曲线应在正矢递减范围内（即半径变化点前后各 10 m 范围内），从较大轨距加宽向较小轨距加宽均匀递减，其递减率为0. 25‰～0. 75‰。

(3) 两曲线间轨距加宽按 1‰递减，其终点间的直线长度应不短于 10 m。不足 10 m 时，如直线部分的两轨距加宽相等，直线部分可保留相等的加宽；如直线部分轨距不相等，应从较大轨距加宽向较小轨距加宽均匀递减。

(4) 在困难条件下，站线上的轨距加宽允许按 2‰递减。

(5) 特殊条件下的轨距加宽递减，铁路局可根据具体情况规定，但不得大于 2‰。

45. 线路纵断面设计，对线路坡段有何要求？

答：线路纵断面的坡段长度，允许速度大于 200 km/h 的线路，最小坡段长度不宜小于 800 m，特别困难条件下最小坡段长度不应小于

600 m,且不得连续使用;允许速度小于等于 200 km/h、大于 160 km/h 的线路,最小坡段长度不宜小于 600 m,特别困难条件下最小坡段长度不应小于 400 m,连续使用不得超过 2 个;其他线路坡段长度不短于该区段到发线有效长的一半,个别困难地段,也应不短于 200 m。

为保证坡顶分坡平段或坡底分坡平段有着较长的长度,使纵断面坡度变化较为平缓,有利于提高列车通过时的运行质量,不得连续使用两个以上最小坡段长度,个别最小坡段长度不得与最大坡度差重叠设置。

46. 轨道线路在什么断面状态下应设置竖曲线? 其线形要求如何?

答:允许速度大于 160 km/h 的线路,当相邻两坡段的坡度代数差大于或等于 1‰时,应设置竖曲线。其线型为圆曲线形。

允许速度不大于 160 km/h 的线路,当相邻两坡段的坡度代数差大于或等于 2‰时,应设置竖曲线。其线型为抛物线形。

允许速度不大于 160 km/h 的线路,当相邻两坡段的坡度代数差大于或等于 3‰时,应设置竖曲线。其线型为圆曲线形。

47. 竖曲线的半径如何确定?

答:不同速度等级,选用不同竖曲线半径:

$v_{max} \leqslant 120$ km/h,竖曲线半径为 5 000 m。

$120 < v_{max} \leqslant 160$ km/h,竖曲线半径为 10 000 m。

$160 < v_{max} \leqslant 200$ km/h,竖曲线半径为 15 000 m。

$200 < v_{max} \leqslant 250$ km/h,竖曲线半径为 25 000 m。

$v_{max} = 300$ km/h,竖曲线半径为 35 000 m。

48. 竖曲线长度及其变坡率有什么规定?

答:允许速度大于 160 km/h 线路,竖曲线长度不应小于 25 m。

每 20 m 竖曲线长度范围内的变坡率,凸形应不大于 1‰,凹形应不大于 0.5‰。

49. 竖曲线为什么不应设在明桥面上?

答:这是因为在明桥(无砟桥)面上设置竖曲线时,其曲率要用木枕高度来调整,每根木枕厚度都不同并要按固定位置顺序铺设,给施工、养护带来困难。为了保证竖曲线不设在明桥面上，竖曲线变坡点距明桥面端点的距离，不应小于该竖曲线的切线长度。

50. 竖曲线为什么不应与缓和曲线重叠？

答：这是因为在缓和曲线内，外轨在平面上是渐变弧线形的，在垂面上外轨又要求保持一定的渐变超高度，此时如果又要符合竖曲线形状，这在实际上是不能做到的。这样外轨形成的空间曲线并不是正确的圆曲线，其形状对行车极为不利，且养护维修困难，所以，在设计时，应把缓和曲线全部放在一个坡段上，而不与竖曲线重叠。

为了保证竖曲线不与缓和曲线重叠，纵断面设计时，变坡点离开缓和曲线起、终点的距离，不应小于该竖曲线的切线长度（T），如图 10 所示。

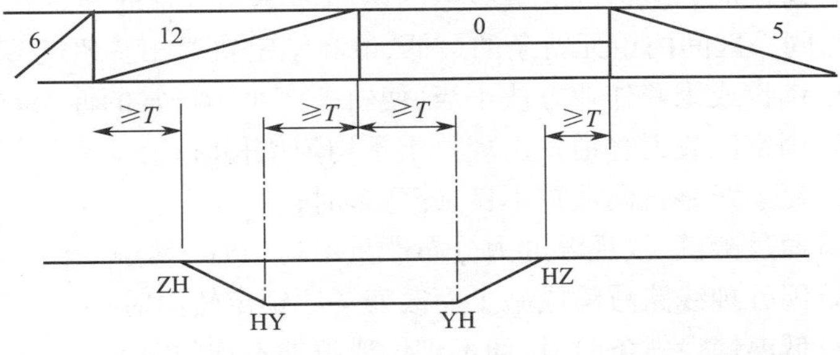

图 10　变坡点至 ZH 点、HY 点、YH 点、HZ 点的距离

51. 竖曲线为什么不应与道岔重叠？

答：道岔的尖轨和辙叉应位于同一平面上，如将其设在竖曲线的曲面上，则道岔的铺设与转动都有困难；同时道岔的导曲线和竖曲线重合，其线形不能保证，列车通过道岔的平稳性和安全性会降低。为了保证竖曲线不与道岔重叠，竖曲线变坡点与车站站坪端点的距离，不应小于该竖曲线的切线长度。

52. 两线地段，对轨面标高有何规定？

答：两线路中心距不大于 5 m 时，其轨面高程应设计为同一水平，困难地段高度差可不大于 300 mm，但易被雪埋地段的轨面标高差不应大于 150 mm，道口处不应大于 100 mm。

53. 大修地段的连接顺坡及维修作业的起道顺超,对顺坡率有何规定要求?

答:允许速度不大于 120 km/h 线路,顺坡率不大于 2.0‰;

允许速度为 120 km/h(不含)~160 km/h 线路,顺坡率不大于 1‰;

允许速度大于 160 km/h 线路,顺坡率不大于 0.8‰。

54. 无缝线路在什么情况下应进行应力放散或应力调整?

答:无缝线路在下列情况之一时应进行应力放散或应力调整:

(1)实际锁定轨温不在设计锁定轨温范围以内,或左右轨条的实际锁定轨温相差超过 5 ℃时;

(2)锁定轨温不清楚或不准确时;

(3)跨区间和全区间无缝线路的两相邻单元轨条的锁定轨温差超过 5 ℃,同一区间内单元轨条的最低、最高锁定轨温相差超过 10 ℃时;

(4)铺设或维修作业方法不当,使轨条产生不正常的伸缩时;

(5)固定区或无缝道岔出现严重不均匀位移时;

(6)夏季线路轨向严重不良,碎弯多时;

(7)通过测试,发现温度力分布严重不均匀时;

(8)因处理线路故障或施工而改变了原锁定轨温时;

(9)低温铺设轨条时,拉伸不到位或拉伸不均匀时。

55. 无缝线路对焊缝接头有什么要求?

答:允许速度大于 160 km/h 区段,铝热焊缝距轨枕边缘不应小于 100 mm,其他区段,铝热焊缝距轨枕边缘不应小于 40 mm。

轨条端头应方正,左右两股轨端相错量不大于 40 mm。

56. 无缝线路区段作业"一准、二清、三测、四不超、五不走"的经验内容是什么?

答:一准:掌握实际锁定轨温要准确。

二清:综合维修、成段保养的作业,做到半日一清;零星保养、临时补修作业,做到一撬一清。

三测:在作业前、作业中、作业后测量轨温。

四不超:特别针对起道、拨道作业,作业不超出允许轨温范围,扒砟不超出允许长度，起道不超出允许高度，拨道不超出允许拨量。

五不走：扒开的道床未回填不走，作业后道床未夯拍不走，作业未回检不走，线路质量未达到作业标准不走，发生异常情况未处理好不走。

57. 无缝线路区段，对扒道床、起道、拨道作业的轨温条件是如何规定的？

答：无缝线路区段，对扒道床、起道、拨道作业的轨温条件规定见表19。

表19　无缝线路区段扒道床、起道、拨道作业轨温条件（℃）

项目 条件	扒道床≤25 m 起道≤30 mm 拨道≤10 mm		扒道床≤50 m 起道≤40 mm 拨道≤20 mm		扒道床、起道、拨道与普通线路相同	
	混凝土枕	木枕	混凝土枕	木枕	混凝土枕	木枕
直线及 $R \geqslant 2\ 000$ m	+20	+15	+15 -20	+10 -15	±10	±10
800 m $\leqslant R < 2\ 000$ m	+15 -20	+10 -15	+10 -15	+5 -10	±5	
400 m $\leqslant R < 800$ m	+10 -15	+5 -10	+5 -10	0 -5		

58. 如何理解无缝线路扒砟、起道、拨道的作业轨温范围？

答：直线或半径大于2 000 m的曲线地段无缝线路，连续扒道床不超过25 m，起道不超过30 mm，拨道不超过10 mm时的作业轨温按实际锁定轨温+20 ℃计算，即在原锁定轨温的基础上再扩大20 ℃的范围为作业轨温范围。如锁定轨温为29 ℃，则作业轨温范围在29 ℃～49 ℃之间。

曲线半径大于800 m、小于2 000 m的无缝线路区段，连续扒道床不超过50 m，起道不超过40 mm，拨道不超过20 mm时的作业轨温按实际锁定轨温+10 ℃至-15 ℃计算，即在原锁定轨温的基础上加减这个容许差。如锁定轨温为29 ℃，则作业轨温范围在14 ℃～39 ℃

之间。

曲线半径大于400 m、小于800 m的无缝线路，连续扒道床不超过50 m，起道不超过40 mm，拨道不超过20 mm时的作业轨温按实际锁定轨温+5 ℃至−10 ℃计算，即在原锁定轨温的基础上加减这个容许差。如锁定轨温为29 ℃，则作业轨温范围在19 ℃~34 ℃之间。

59. 无缝道岔尖轨及其前方25 m范围本属于直线部位，在这个范围内进行维修作业时，其作业轨温为什么要控制在实际锁定轨温±10 ℃的范围内？

答：这是因为无缝道岔的基本轨，在尖轨限位器处承受了较大的纵向附加力，过多的扰动，容易造成道岔温度应力变化，对道岔稳定不利，故规定：在尖轨及其前方25 m范围进行维修作业时，作业轨温按实际锁定轨温±10 ℃掌握。

60. 在什么轨温条件时，禁止在无缝线路的伸缩区和缓冲区内进行维修作业？并阐述其原因。

答：混凝土枕无缝线路，当轨温在实际锁定轨温减30 ℃以下时，木枕无缝线路，当轨温在实际锁定轨温减20 ℃以下时，禁止在伸缩区和缓冲区内进行维修作业。

严寒季节，如在伸缩区或缓冲区内进行维修作业，特别是进行松动螺栓和扰动道床的作业，很容易引起伸缩区不正常的缩短，拉大轨缝，剪断螺栓。而到了高温季节，容易形成较大的应力峰，对轨道的稳定性不利。故规定：混凝土线路当轨温在实际锁定轨温减30 ℃（木枕无缝线路20 ℃）以下时，禁止在伸缩区和缓冲区内进行维修作业。

61. 无缝线路，当轨温超出实际锁定轨温+20 ℃以上时，禁止从事哪些项目的作业？

答：混凝土枕无缝线路，当轨温超出实际锁定轨温+20 ℃以上时，木枕无缝线路，当轨温超出实际锁定轨温+15 ℃以上时，禁止进行下列作业：

（1）扒道床作业；

（2）起道作业；

（3）拨道作业；

(4)更换扣件或扣件涂油作业;

(5)更换轨枕作业;

(6)更换接头螺栓或涂油作业;

(7)更换钢轨或夹板作业;

(8)破底清筛道床作业;

(9)处理翻浆冒泥作业;

(11)改道作业;

(12)方正轨枕作业;

(13)松动防爬设备作业。

62. 线路硬弯钢轨,应在什么轨温条件下进行矫直调整?无缝线路,在什么轨温条件时禁止进行钢轨硬弯矫直调整?

答:线路上的硬弯钢轨,应在轨温高于25 ℃时进行矫直调整。

混凝土枕无缝线路,当轨温在实际锁定轨温的 -20 ℃ ~ +10 ℃范围内,木枕无缝线路,当轨温在实际锁定轨温的 -15 ℃ ~ +5 ℃范围内时,禁止进行钢轨硬弯矫直调整作业。

63. 大型养路机械在无缝线路地段作业,其作业轨温条件是什么?

答:(1)一次起道量小于30 mm,一次拨道量小于10 mm,作业轨温不得超过实际锁定轨温 ±20 ℃;

(2)一次起道量在31 ~50 mm,一次拨道量在11 ~20 mm时,作业轨温不得超过实际锁定轨温 -20 ℃ ~ +15 ℃。

64. 在什么情况下应进行轨缝调整?

答:(1)轨缝不均匀;25 m钢轨地段每千米线路轨缝总误差超过80 mm时;12.5 m钢轨地段每千米线路轨缝总误差超过160 mm时;绝缘接头轨缝小于6 mm时。

(2)轨缝严重不均匀时。

(3)线路爬行量超过20 mm时。

(4)轨温在中间轨温 ±30 ℃限制范围以内,出现连续3个及以上瞎缝或轨缝大于构造轨缝时。

(在最高最低轨温差小于82 ℃地段,如将轨缝值减小1 mm,则作业轨温限制范围为中间轨温 +27 ℃至中间轨温 -33 ℃;在最高最低轨温差小于 74 ℃地段，如将轨缝值减小 2 mm，则作业轨温限制范围为中间轨温 +23 ℃至中间轨温 −37 ℃）。

65. 混凝土枕线路，在什么情况下应进行垫砟作业？

答：当轨下调高垫板厚度达到 10 mm，或连续 3 根及以上轨枕调高垫板厚度达到 8 ~ 10 mm，使用调高扣件时调高垫板厚度达到25 mm 时，应进行垫砟作业。

66. 垫砟时，应注意哪些事项？

答：(1) 除混凝土宽枕外，一律采用横向垫砟。

(2) 垫砟起道时，一次垫入的厚度不得超过 20 mm，抬起高度不得超过 50 mm，两台起道机应同起同落。

(3) 垫砟作业每撬长度不得超过 6 根轨枕，随垫随填，夯实道床。

(4) 垫砟采用火成岩材料，粒径为 8 ~ 20 mm。

67. 调高垫板的规格尺寸和使用要求有哪些？

答：规格尺寸：长度为 185 mm，宽度比轨底窄 2 mm，厚度分为 2 mm、3 mm、4 mm、7 mm、10 mm、15 mm 六种。

使用要求：调高垫板应垫在轨底与橡胶垫板之间，每处垫入不得超过 2 块，其总厚度不得超过 10 mm。

使用调高扣件的混凝土枕、混凝土宽枕和整体道床，每处垫入不得超过 3 块，其总厚度不得超过 25 mm。

68. 线路改道作业有何技术要求？

答：(1) 根据改道量，将钢轨拨正，严禁利用道钉或扣件挤动钢轨。

(2) 木枕地段，使用木塞填钉孔，应使铁垫板外肩靠贴轨底。同时更换锈蚀和损坏的垫板和道钉。使用螺纹道钉时，先用木塞填满钉孔，钻孔后再旋入螺纹钉，严禁锤击打入。

(3) 混凝土枕地段，调整不同号码扣板、轨距挡板、挡板座等，使各部件紧密靠贴轨底。同时更换和修理不良扣件。作业后，扭矩符合规定要求。

(4) 达到作业质量标准，轨距变化千分率不大于 1‰。

69. 线路拨道作业有何技术要求？

答：线路直线地段轨向不良，其矢度以任意弦测量，用目测方法拨正。

曲线地段轨向不良，可用绳正法测量、计算与拨正。测量时，用钢尺在外股钢轨上每 10 m 设置 1 个测点，在风力较小条件下，用 20 m（或 10 m）弦测量每个测点的正矢，测量 3 次，取平均值。

如需改变曲线头尾位置、缓和曲线长度与圆曲线半径，应使用仪器测量改动。

70. 道岔尖轨尖端轨距如何确定？

答：直线型道岔尖轨尖端轨距是按静力正常强制内接形位，依据尖轨长度计算确定的。

我国规定：6. 25 m 长度以下的尖轨尖端轨距为 1 453 mm。

6. 25 ~7. 70 m 长度的尖轨尖端轨距为 1 450 mm。

7. 70 m 长度的尖轨尖端轨距为 1 445 mm。

12 号 AT 弹性可弯尖轨尖端轨距为 1 437 mm。

尖轨长度 12. 0 m 以上尖轨尖端轨距为 1 435 mm。

71. 道岔尖轨跟端轨距如何确定？

答：道岔尖轨跟端轨距是按静力正常强制内接形位，依据导曲线半径计算确定的。

我国规定：直线型尖轨的尖轨跟端轨距，直向、侧向均为 1 439 mm。

12 号 AT 弹性可弯尖轨跟距，直向、侧向均为 1 435 mm。

72. 导曲线中部轨距如何确定加宽？

答：导曲线中部轨距加宽依据导曲线半径确定，一般与尖轨尖端轨距加宽相同。

9 号道岔导曲线中部轨距为 1 450 mm。

12 号道岔导曲线中部轨距为 1 445 mm。

12 号 AT 道岔导曲线中部轨距为 1 435 mm。

73. 尖轨尖端轨距加宽如何递减？

答：尖轨尖端轨距加宽，应在尖轨尖端至基本轨接头 2. 646 m 范围内均匀递减完毕。加宽 15 mm 的，其递减率为 5. 67‰；加宽 10 mm 的，其递减率为 3. 78‰。

74. 直向尖轨跟端轨距加宽如何递减?

答:直向尖轨跟端轨距加宽,向辙叉方向 1.5 m 范围递减完毕,其递减率为 2.67‰。

75. 导曲线轨距加宽如何向两端递减(增)?

答:侧向尖轨跟端向导曲线中部方向 3 m 范围,做均匀递增。如导曲线中部加宽 15 mm,其递增率为 3.67‰(〔1 450 - 1 439〕÷3);导曲线中部加宽 10 mm,其递增率为 2.0‰(〔1 445 - 1 439〕÷3)。侧向辙叉前端向导曲线中部方向 4 m 范围,作均匀递增。如导曲线中部加宽 15 mm,其递增率为 3.75‰(15 ÷4);导曲线中部加宽 10 mm,其递增率为 2.5‰(10 ÷4)。这就是我们俗称的"前三后四"。

76. 尖轨全长范围轨距如何递减?

答:尖轨尖端与尖轨跟端的轨距差数,直尖轨应在尖轨全长范围内均匀递减(曲尖轨按设计图办理)。尖轨长度为 6.25 m 的,至尖轨跟端的递减率为 1.76‰;尖轨长度为 7.70 m 的,至尖轨跟端的递减率为 0.78‰。

77. 对口道岔尖轨尖端轨距如何递减?

答:两尖轨尖端距离小于 6 m,且两尖轨尖端轨距相等时,不做递减,这 6 m 距离保持相等轨距。两尖轨尖端轨距不相等时,从较大轨距向较小轨距均匀递减。如加宽 15 mm 向加宽 10 mm 递减,其递减率为 0.83‰(〔1 450 -1 445〕÷6)。

两尖轨尖端距离大于 6 m 时,应保持有 6 m 的相等轨距段,其余距离从大向小作均匀递减。

78. 道岔前端与另一道岔后端相连,其尖轨尖端轨距递减率超过 6‰时,轨距如何递减?

答:道岔前端与另一道岔后端相连,其尖轨尖端轨距递减率超过 6‰(15 mm 加宽,递减距离小于 2.5 m)时,可将前面道岔的辙叉轨距加大为 1 441 mm,此时的递减率为 3.6‰。

79. 道岔尖轨最小动程是如何规定的?

答:《铁路线路修理规则》中规定,尖轨第一拉杆中心处的最小动程,直尖轨为 142 mm,曲尖轨为 152 mm;12 号 AT 弹性可弯尖轨普通道岔为 180 mm,12 号提速道岔为 160 mm;18 号道岔允许速度大于

160 km/h时为 160 mm,允许速度不大于 160 km/h 时为 180 mm。

12 号提速道岔可动心轨第一拉杆中心处的动程为 117 mm,第二拉杆中心处的动程为 68 mm;18 号提速道岔可动心轨第一拉杆中心处的动程为 118 mm,第二拉杆中心处的动程为 59 mm。

80. 道岔护轨有几种类型?轮缘槽宽度是多少?

答:护轨类型主要有钢轨间隔铁型、H 形和槽形三种。我国标准的 9 号、12 号及 18 号单开道岔的护轨,全长分别为 3.6 ~ 3.9 m、4.5 ~ 4.6 m、7.4 ~ 7.5 m。我国提速道岔侧线护轨采用 UIC33 槽形轨制成。

护轨由中间平直段、两端缓冲段和两端开口段组成。

平直段是护轨实际起防护作用的部分,称工作部分或有效部分。其长度一般等于从辙叉咽喉至叉心顶宽 50 mm 处之间的距离,两端再附加 100 ~ 300 mm 的调整量长,如图 11 所示。

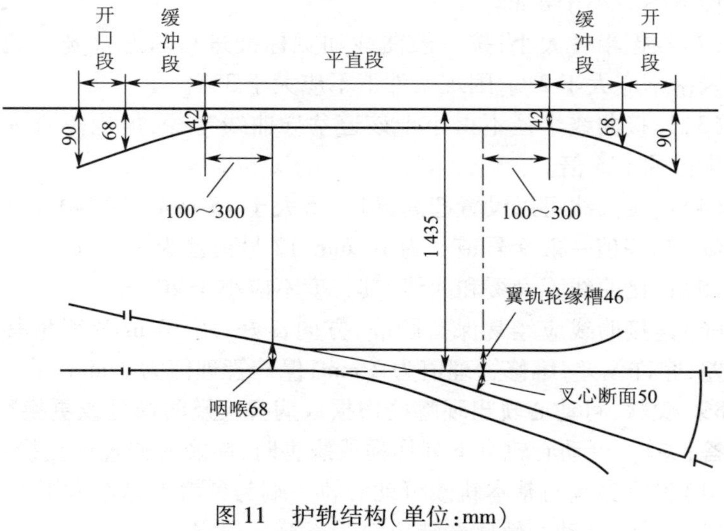

图 11　护轨结构(单位:mm)

护轨平直部分轮缘槽标准宽度为 42 mm。侧向轨距为 1 441 mm 时,侧向轮缘槽标准宽度为 48 mm,容许误差为 $^{+3}_{-1}$ mm。

81. 辙叉心的轮缘槽宽度是多少?

答:辙叉心轮缘槽标准宽度为 46 mm,容许误差为 $^{+3}_{-1}$ mm。

82. 什么叫查照间隔？规定尺寸是多少？

答：辙叉心作用边至护轨头部外侧的距离叫查照间隔。

查照间隔不得小于 1 391 mm，容许范围在 1 391～1 394 mm。普通道岔在辙叉心宽 30～50 mm 断面处量取。

83. 什么叫护背距离？规定尺寸是多少？

答：辙叉翼作用边至护轨头部外侧的距离叫护背距离。

护背距离不得大于 1 348 mm，容许范围在 1 346～1 348 mm。普通道岔在辙叉心宽 30～50 mm 断面处量取。提速道岔在侧向可动心轨辙叉第一牵引杆中心位置量取。

84. 连接曲线应符合哪些规定？

答：连接曲线应符合下列规定：

(1)道岔与其连接曲线之间的直线段一般长度不应小于 7.5 m，困难条件下不应小于 6 m。

(2)根据半径大小，按一般曲线加宽标准进行轨距加宽。轨距加宽递减率不应大于 2‰，困难条件下不应大于 3‰。

(3)连接曲线半径不得小于该道岔导曲线半径，但也不宜大于导曲线半径的 1.5 倍。

(4)连接曲线可以设置超高，但不得大于 15 mm，超高顺坡不得大于 2‰。超高值一般 9 号道岔为 10 mm，12 号道岔为 15 mm。

(5)连接曲线不设缓和曲线，其长度不应小于 20 m。

(6)连接曲线应经常保持圆顺，方向良好，用 10 m 弦测量其正矢连续差，容许偏差，维修管理值为 2 mm，保养管理值为 4 mm。

85. 尖轨、可动心轨出现哪些伤损或病害应及时修理或更换？

答：尖轨、可动心轨有下列伤损或病害时，应及时修理或更换：

(1)尖轨尖端与基本轨或可动心轨尖端与翼轨不靠贴大于 1 mm。

(2)尖轨、可动心轨侧弯造成轨距不符合规定。

(3)尖轨、可动心轨顶面宽 50 mm 及以上断面处，尖轨顶面低于基本轨顶面、可动心轨顶面低于翼轨顶面 2 mm 及以上。

(4)尖轨、可动心轨顶面宽 50 mm 及以下断面处，尖轨顶面高于基本轨顶面、可动心轨顶面高于翼轨顶面 2 mm 及以上。

(5)尖轨、可动心轨工作面伤损,继续发展,轮缘有爬上尖轨、可动心轨的可能。

(6)内锁闭道岔两尖轨相互脱离时,分动外锁闭道岔两尖轨与连接装置相互分离或外锁闭装置失效时。

(7)其他伤损达到钢轨轻伤标准时。

86. 基本轨出现哪些伤损或病害应及时修理或更换?

答:基本轨有下列伤损或病害时,应及时修理或更换:

(1)曲股基本轨的弯折点位置或弯折尺寸不符合要求,造成轨距不符合规定。

(2)基本轨垂直磨耗:50 kg/m 及以下钢轨,在正线上超过 6 mm,到发线上超过 8 mm,其他站线上超过 10 mm(33 kg/m 及其以下钢轨由铁路局确定);60 kg/m 及以上钢轨,在允许速度大于 120 km/h 的正线上超过 6 mm,其他正线上超过 8 mm,到发线上超过 10 mm,其他站线上超过 11 mm。

(3)其他伤损达到钢轨轻伤标准时。

87. 道岔哪些部位螺栓折断时必须立即更换,否则道岔应停止使用?

答:道岔护轨螺栓、可动心轨咽喉和叉后间隔铁螺栓、长心轨与短心轨联结螺栓、钢枕立柱螺栓、可动心轨凸缘与接头铁联结螺栓折断时必须立即更换。

上述同一部位同时有两条螺栓或可动心轨凸缘与接头铁螺栓有一条缺少或折损时,道岔应停止使用。

88. 道岔各种零件伤损到什么程度应进行修理或更换?

答:道岔各种零件应齐全,作用良好,缺少时应及时补充。有下列伤损或病害时,应进行修理或更换:

(1)各种螺栓、连杆、顶铁和间隔铁损坏、变形或作用不良。

(2)滑床板损坏、变形或滑床台磨耗大于 3 mm。

(3)轨撑损坏、松动,轨撑与轨头下颚或轨撑与垫板挡肩离缝大于 2 mm。

(4)护轨垫板折损。

(5)钢枕和钢枕垫板下胶垫及防切垫片损坏、失效。

(6)弹片、销钉、挡板损坏。弹片与滑床板挡肩离缝、挡板前后离缝大于2 mm,销钉帽内侧距滑床板边缘大于5 mm。

(7)其他各种零件损坏、变形或作用不良。

89. 高锰钢整铸辙叉(含可动心轨辙叉中高锰钢整铸翼轨、叉跟座)**的垂直磨耗重伤标准是什么?**

答:辙叉心宽40 mm断面处,辙叉心垂直磨耗(不含翼轨加高部分)达到下列标准时为重伤:

50 kg/m及以下钢轨,在正线上超过6 mm,到发线上超过8 mm,其他站线上超过10 mm。

60 kg/m及以上钢轨,在允许速度大于120 km/h的正线上超过6 mm,其他正线上超过8 mm,到发线上超过10 mm,其他站线上超过11 mm。

可动心轨宽40 mm断面及可动心轨宽20 mm断面对应的翼轨垂直磨耗(不含翼轨加高部分)超过6 mm。

90. 高锰钢整铸辙叉(含可动心轨辙叉中高锰钢整铸翼轨、叉跟座)**的裂纹重伤标准是什么?**

答:(1)垂直裂纹长度(含轨面部分裂纹长度)超过表20所列限度者为重伤。

表20 垂直裂纹(mm)

项　目	辙 叉 心		辙叉翼
	宽0~50	宽50以后	
一条裂纹长度	50	50	40
两条裂纹相加	60	80	60

(2)纵向水平裂纹长度超过表21所列限度者为重伤。

表21 纵向水平裂纹(mm)

项　目	辙叉心	辙叉翼	轮缘槽
一侧裂纹长度	100	80	200
一侧裂纹发展至轨面(含轨面部分裂纹长度)	60	60	

续上表

项　目	辙叉心	辙叉翼	轮缘槽
两侧裂纹贯通(指贯通长度)	50		
两侧裂纹相对部分长度			100

(3)叉趾、叉跟轨头及下颚部位裂纹超过30 mm。

(4)叉趾、叉跟浇注断面变化部位斜向或水平裂纹长度超过120 mm,或虽未超过120 mm,但裂纹垂直高度超过40 mm。

(5)底板裂纹向内裂至轨腰,并超过轨腰与圆弧的连接点。

(6)螺栓孔裂纹延伸至轨端、轨头下颚或轨底,两相邻螺栓孔裂。

(7)辙叉心、辙叉翼轨面剥落掉块长度超过30 mm,且深度超过6 mm。

91. 钢轨组合辙叉(拼装辙叉)的重伤标准如何把握?

答:钢轨组合辙叉(拼装辙叉)的垂直磨耗重伤标准比照高锰钢整铸辙叉办理,其他伤损比照钢轨轻重伤标准办理。

92. 可动心轨道岔的尖趾距离的容许误差是多少?

答:可动心轨道岔的长心轨实际尖端至翼轨趾端的距离(简称尖趾距离),容许误差:12号为$^{+10}_{0}$ mm;18号为$^{+15}_{0}$ mm;30号及以上为$^{+25}_{0}$ mm。

93. 可动心轨道岔普通钢轨接头与无缝道岔钢轨接头的螺栓扭矩要求有什么区别?

答:可动心轨道岔的普通钢轨接头应使用10.9级螺栓,扭矩应保持700~900 N·m。

可动心轨无缝道岔的钢轨接头应采用高强螺栓,扭矩应保持1 100~1 400 N·m。

无缝道岔导轨、辙叉、心轨、翼轨的扣件扭矩应保持120~150 N·m;尖轨及其前后各25 m范围内的基本轨扣件扭矩应保持在60~80 N·m。

94. 可动心轨辙叉道岔日常应加强哪些部件的检查和维修?

答:可动心轨辙叉道岔日常应加强下列各部件的检查、维修:

(1)防松螺母的位置、扭矩和上下螺母间隙。上下螺母间隙如表22所示。

表22　上下螺母间隙

螺母直径(mm)	ϕ20	ϕ22	ϕ24	ϕ27
下螺母拧紧扭矩(N·m)	150	190	250	380
上下螺母间隙(mm)	0.5～0.8		1.2～1.5	

(2)滑床板及护轨垫板的弹片、弹片销钉、短心轨转向轴线顶铁的位置、方向和间隙。

(3)钢枕的位置、钢枕塑料垫板及胶垫的位置、钢枕立柱螺栓的扭矩、钢枕上垫板的位置。

(4)长心轨与短心轨联结螺栓的扭矩。

95. 可动心轨辙叉道岔对起道、捣固有哪些要求?

答:可动心轨辙叉道岔起道作业时,直、曲股应同时起平,保证可动心轨辙叉在一个平面上,并做好道岔前后及道岔曲股顺坡。

道岔维修应使用机械捣固,加强接头、辙叉、尖轨弹性可弯段等部位和钢枕及其前后岔枕的道床捣固。

96. 可动心轨辙叉道岔对垫板作业有何要求?

答:可动心轨辙叉道岔的垫板作业,可采用调换不同厚度轨下垫板的方法进行。垫板数量不应超过1块,厚度不应超过6 mm。

图号为客专线(06)004的18号可动心轨辙叉道岔可采用调换铁垫板下不同厚度的调高垫板的方法进行,垫板数量不超过3块,厚度不超过10 mm。

97. 可动心轨辙叉道岔对改道作业有何要求?

答:可动心轨辙叉道岔的改道作业,应采用调整不同号码轨距挡块或缓冲调距块的方法进行。

调整量不足时可加垫片调整,但厚度不得超过2 mm。

严禁用改螺纹道钉孔的方法改道。

98. 可动心轨辙叉道岔对更换尖轨、辙叉有何要求?

答:伤损尖轨应与基本轨同时更换。确有困难时可单独更换尖轨,但在更换前应校核尖轨几何尺寸，更换后应进行基本轨、尖轨顺坡打磨，保证换后符合技术标准。

钢轨组合式可动心轨辙叉必须整组更换。

99. 道口铺面有哪些规定要求？

答：道口铺面宽度应与道路路面宽度相同，且不应小于 2.5 m。

钢轨头部外侧 50 mm 范围内，道口铺面应低于轨面 5 mm。

100. 道口轮缘槽尺寸要求如何？

答：护轨轮缘槽宽度，直线上应为 70～100 mm，曲线内股应为90～100 mm；轮缘槽深度应为 45～60 mm。护轨两端做成喇叭口，距护轨端300 mm处弯向线路中心，其终端距钢轨工作边应为 150～180 mm。

101. 钢轨打磨、焊修有何要求？

答：对接头和绝缘接头轨端肥边，应及时整修处理。固定型辙叉及可动心轨顶面不平顺，尖轨、固定型辙叉、可动心轨、翼轨工作边及尖轨非工作边出现肥边，应打磨整修。

打磨作业后的质量应达到表 23 的标准。

表 23　钢轨平顺度要求

项目＼速度(km/h)		$v_{max}\geqslant200$	$120<v_{max}<200$	$v_{max}\leqslant120$
焊缝平顺	接触焊轨顶面	+0.3～0 mm/1 m		
	接触焊内侧面	+0.3～0 mm/1 m		
	铝热焊顶面	+0.3～0 mm/1 m		
	铝热焊内侧面	±0.3 mm/1 m		
轨身垂向平直度		≤0.4 mm/3 m；≤0.3 mm/1 m		
轨身横向平直度		≤0.6 mm/1.5 m		
工作边肥边(mm)		≤0.2	<0.3	<0.5
焊缝凸凹(mm)		≤0.2	<0.3	<0.5
轨顶凸凹或马鞍形磨耗(mm)		≤0.2	<0.3	<0.5

续上表

速度(km/h) 项　目	$v_{\max} \geqslant 200$	$120 < v_{\max} < 200$	$v_{\max} \leqslant 120$
波浪形磨耗(mm)	≤0.1	<0.2(打磨列车)	<0.2(打磨列车)
轨顶内外侧错牙(mm)		<1.0	<2.0
钢轨硬弯(mm)		<0.3	<0.5

102. 冻害垫板的类型和尺寸有哪些?

答:冻害垫板的类型如下:

(1)顺垫板——无铁垫板地段,长度为200 mm,宽度与轨底相同,厚度分为3 mm、6 mm、9 mm、12 mm、15 mm等5种。有铁垫板地段冻起高度不超过6 mm时,可使用厚度为3 mm、6 mm的顺垫板在铁垫板上顺垫。

(2)横垫板——有铁垫板时,宽度为150 mm;无铁垫板时,宽度为200 mm。

冻害垫板的厚度和长度如下:

(1)小型垫板的厚度分为6 mm、9 mm、12 mm、15 mm、18 mm、21 mm等6种,长度与铁垫板相同;

(2)中型垫板的厚度分为25 mm、30 mm、40 mm、50 mm等4种,长度为300 mm;

(3)大型垫板的厚度分为40 mm、50 mm、60 mm、70 mm、80 mm、90 mm等6种,长度为400 mm;

(4)通长垫板的厚度分为50 mm、60 mm、70 mm、80 mm、90 mm、100 mm、110 mm等7种,长度为2 300 mm。

103. 在线路上进行冻害垫板作业,对顺坡有何要求?

答:在正线、到发线上,顺坡长度应为:允许速度不大于120 km/h的线路不应小于冻起高度的600倍,允许速度为120 km/不含)~160 km/h的线路不应小于冻起高度的1 200倍,允许速度大于160 km/h的线路不应小于冻起高度的1 600倍;在其他站线上,顺坡长度不应小于冻起高度的400倍。冻起高度超过20 mm时，两端顺坡之间应有不短于10 m的过渡段，其坡度应与线路坡度一致。

104. 在道岔上进行冻害垫板作业，对顺坡有何要求？

答：在正线、到发线道岔上，顺坡长度应为：允许速度不大于120 km/h的线路不应小于冻起高度的600倍，允许速度为120 km/h（不含）~160 km/h的线路不应小于冻起高度的1 200倍，允许速度大于160 km/h的线路不应小于冻起高度的1 600倍；

在其他站线上，顺坡长度不应小于冻起高度的400倍。辙叉及转辙部分不得有变坡点。

105. 冻害垫板作业对顺垫板和横垫板有何不同要求？

答：顺垫板重叠使用不得超过2块，总厚度不得超过15 mm。

横垫板重叠使用不得超过3块，较厚的垫板应放在下层。

106. 冻害垫板作业对调高垫板使用有何要求？

答：混凝土枕线路冻害地段，在冻结前，应有计划地撤出调高垫板进行捣固。在冻结后，冻起高度不超过15 mm地段，可用调高垫板整修。每处调高垫板不得超过2块，总厚度不得超过15 mm（丝扣不足的螺旋道钉除外）。

混凝土枕地段发生15 mm以上冻害时，可采用调高扣件，每处调高垫板不得超过3块。

超过15 mm冻害地段的维修方法和作业要求，铁路局可根据具体情况规定，但对冻害必须有计划地尽早进行整治。

107. 冻害回落时，应做好哪些工作？

答：冻害回落时，应及时撤出或调整冻害（调高）垫板，随落随撤，做好顺坡，保持轨道几何尺寸在经常保养容许偏差限度以内，防止“春融乱道”。

木枕地段在冬季垫入的全部垫板和混凝土枕地段总厚度超过10 mm的垫板，应在线路解冻后及时撤出。

108. 冻害垫板及道钉的使用条件有何规定？

冻害垫板及道钉的使用条件见表24的规定。

表 24 冻害垫板及道钉的使用条件

冻起高度(mm)	线路条件	冻害垫板类型	道钉长度(mm)	安全道钉		每节 12.5 m 钢轨使用通长垫板数量	附注
				长度	钉法		
25 及以下	直线和曲线	顺垫板和小型垫板	165				垫板厚度不足 30 mm 可不使用安全道钉
26 ~ 50	直线和 $R \geqslant$ 1 500 m 的曲线	中型垫板	185 205	165	每隔 1 根木枕		
	$R<$1 500 m 的曲线	中型垫板	185 205	165	每根木枕		
51 ~ 75	直线和 $R \geqslant$ 1 500 m 的曲线	大型垫板	205 230	165	每隔 1 根木枕		
	$R<$1 500 m 的曲线	大型和通长垫板	205 230	165	每根木枕	接头处 2 块，中间部分 3 块	
76 ~ 90	直线和 $R \geqslant$ 1 500 m 的曲线	大型和通长垫板	230 255	165	每根木枕	接头处 2 块，中间部分 4 块	
	$R<$1 500 m 的曲线	大型和通长垫板	230 255	165	每根木枕	接头处 2 块，中间部分 5 块	
90 以上	直线和曲线	通长垫板	255 280	230	每根木枕	每根木枕 1 块	

109. 不同速度等级的轨道静态几何尺寸容许偏差管理值各是多少?

答:不同速度等级的线路轨道静态几何尺寸容许偏差管理值如表25所示。

表 25 线路轨道静态几何尺寸容许偏差管理值(单位:mm)

项目	$v>160$ km/h 正线			160 km/h $\geqslant v>$ 120 km/h 正线			$v \leqslant 120$ km/h 正线及到发线			其他站线		
	作业验收	经常保养	临时补修	作业验收	经常保养	临时补修	作业验收	经常保养	临时补修	作业验收	经常保养	临时补修
轨距	+2 −2	+4 −2	+6 −2	+4 −2	+6 −4	+8 −4	+6 −2	+7 −4	+9 −4	+6 −2	+9 −4	+10 −4
水平	3	5	8	4	6	8	4	6	10	5	8	11

续上表

项目		$v>160$ km/h 正线			160 km/h $\geqslant v>$ 120 km/h 正线			$v\leqslant120$ km/h 正线及到发线			其他站线		
		作业验收	经常保养	临时补修	作业验收	经常保养	临时补修	作业验收	经常保养	临时补修	作业验收	经常保养	临时补修
高低		3	5	8	4	6	8	4	6	10	5	8	11
直线轨向		3	4	7	4	6	8	4	6	10	5	8	11
三角坑	缓和曲线	3	4	6	4	5	6	4	5	7	5	7	8
	直线和圆曲线	3	4	6	4	6	8	4	6	9	5	8	10

110. 不同速度等级的道岔轨道静态几何尺寸容许偏差管理值各是多少?

答:不同速度等级的道岔轨道静态几何尺寸容许偏差管理值如表26所示。

表26　道岔轨道静态几何尺寸容许偏差管理值(单位:mm)

项目		$v>160$ km/h 正线			160 km/h $\geqslant v>$ 120 km/h 正线			$v\leqslant120$ km/h 正线及到发线			其他站线		
		作业验收	经常保养	临时补修	作业验收	经常保养	临时补修	作业验收	经常保养	临时补修	作业验收	经常保养	临时补修
轨距		+2 −2	+4 −2	+5 −2	+3 −2	+4 −2	+6 −2	+3 −2	+5 −3	+6 −3	+3 −2	+5 −3	+6 −3
水平		3	5	7	4	5	8	4	6	9	6	8	10
高低		3	5	7	4	5	8	4	6	9	6	8	10
三角坑		3	4	6	4	6	8	4	6	9	6	8	10
轨向	直线	3	4	6	4	5	8	4	6	9	6	8	10
	支距	2	3	4	2	3	4	2	3	4	2	3	4

111. 静态线路、道岔的轨距、水平、高低、轨向、三角坑在什么值是属于超限?

答:超过临时补修管理值的属于超限。正线、到发线按速度等级区分。

112. 允许速度为 160 km/h < v ≤ 250 km/h 的正线线路,轨距、水平、高低、轨向、三角坑在什么值是属于超限?

答:允许速度为 160 km/h < v ≤ 250 km/h 的正线线路,轨距 +7 mm及以上或 -5 mm 及以下,水平、高低 9 mm 及以上,直线轨向 8 mm及以上,三角坑 7 mm 及以上,缓和曲线三角坑 7 mm 及以上为超限。

113. 允许速度为 120 km/h < v ≤ 160 km/h 的正线线路,轨距、水平、高低、轨向、三角坑在什么值是属于超限?

答:允许速度为 120 < v ≤ 160 km/h 的正线线路:轨距 +9 mm 及以上或 -5 mm 及以下,水平、高低、直线轨向 9 mm 及以上,三角坑 9 mm 及以上,缓和曲线三角坑 7 mm 及以上为超限。

114. 允许速度为 v ≤ 120 km/h 的正线线路,轨距、水平、高低、轨向、三角坑在什么值是属于超限?

答:允许速度为 v ≤ 120 km/h 的正线线路;轨距 +10 mm 及以上或 -5 mm 及以下,水平、高低、直线轨向 11 mm 及以上,三角坑 10 mm 及以上,缓和曲线三角坑 8 mm 及以上为超限。

115. 其他线路,轨距、水平、高低、轨向、三角坑在什么值是属于超限?

答:其他线路:轨距 +11 mm 及以上或 -5 mm 及以下,水平、高低及直线轨向 12 mm 及以上,三角坑 11 mm 及以上,缓和曲线三角坑 9 mm及以上为超限。

116. 允许速度为 160 < v ≤ 250 km/h 的正线道岔,轨距、水平、高低、轨向、三角坑在什么值是属于超限?

答:允许速度为 160 < v ≤ 250 km/h 的正线道岔:轨距 +6 mm 及以上或 -3 mm 及以下,水平、高低 8 mm 及以上,直线轨向 7 mm 及以上,三角坑 7 mm 及以上,支距 5 mm 及以上为超限。

117. 允许速度为 $120 < v \leqslant 160$ km/h 的正线道岔,轨距、水平、高低、轨向、三角坑在什么值是属于超限?

答:允许速度为 $120 < v \leqslant 160$ km/h 的正线道岔:轨距 +7 mm 及以上或 -3 mm 及以下,水平、高低、直线轨向、三角坑 9 mm 及以上,支距 5 mm 及以上为超限。

118. 允许速度为 $v \leqslant 120$ km/h 的正线道岔,轨距、水平、高低、轨向、三角坑在什么值是属于超限?

答:允许速度为 $v \leqslant 120$ km/h 的正线道岔:轨距 +7 mm 及以上或 -4 mm 及以下,水平、高低、直线轨向、三角坑 10 mm 及以上,支距 5 mm及以上为超限。

119. 其他线路道岔,轨距、水平、高低、轨向、三角坑在什么值时属于超限?

答:其他站线道岔:轨距 +7 mm 及以上或 -4 mm 及以下,水平、高低、直线轨向、三角坑 11 mm 及以上,支距 5 mm 及以上为超限。

120. 200 km/h 及以下线路曲线正矢作业验收容许偏差值是多少?

答:200 km/h 及以下线路曲线正矢作业验收容许偏差值如表 27 所示。

表 27　200 km/h 及以下线路曲线正矢作业验收容许偏差(mm)

曲线半径 R(m)		缓和曲线正矢与计划正矢差	圆曲线正矢连续差	圆曲线正矢最大最小值差
$R \leqslant 250$		6	12	18
$250 < R \leqslant 350$		5	10	15
$350 < R \leqslant 450$		4	8	12
$450 < R \leqslant 800$		3	6	9
$R > 800$	$v \leqslant 120$ km/h	3	6	9
	$v > 120$ km/h	2	4	6

121. 200 km/h 及以下线路曲线正矢经常保养容许偏差值是多少?

答:200 km/h 及以下线路曲线正矢经常保养容许偏差值见表 28 所示。

表 28　200 km/h 及以下线路曲线正矢经常保养容许偏差值(mm)

曲线半径 R(m)	缓和曲线正矢差		圆曲线正矢连续差		圆曲线正矢最大最小值差	
	正线及到发线	其他站线	正线及到发线	其他站线	正线及到发线	其他站线
$R≤250$	7	8	14	16	21	24
$250<R≤350$	6	7	12	14	18	21
$350<R≤450$	5	6	10	12	15	18
$450<R≤800$	4	5	8	10	12	15
$R>800$	3	4	6	8	9	12

122. 200 km/h 及以下线路静态曲线正矢超限等级如何划分?

答:200 km/h 及以下线路静态曲线正矢超限等级划分如表 29 所示。

表 29　200 km/h 及以下线路静态曲线正矢超限等级划分(mm)

内容	缓和曲线正矢与计划正矢差		圆曲线正矢连续差		圆曲线正矢最大最小差	
分级	正线及到发线	其他站线	正线及到发线	其他站线	正线及到发线	其他站线
Ⅰ	1~2	1~3	1~3	1~5	1~4	1~7
Ⅱ	3	4~5	4~5	6~8	5~7	8~11
Ⅲ	>3	>5	>5	>8	>7	>11

123. 复曲线的现场正矢与计算正矢的容许差,按什么规定办理?

答:在复曲线的大小半径连接处,现场正矢与计算正矢的容许差,按大半径曲线的缓和曲线正矢差规定办理。

124. 允许速度大于 200 km/h 线路曲线正矢容许偏差管理值是如何规定的?

答:允许速度大于 200 km/h 线路曲线正矢容许偏差管理值如表 30所示。

表 30 速度 200 km/h 以上线路曲线正矢容许偏差管理值(mm)

项目	实测正矢与计划正矢差		圆曲线正矢连续差	圆曲线最大最小正矢差
	缓和曲线	圆曲线		
作业验收	2	3	4	5
经常保养	3	4	5	6
临时补修	5	6	7	8

125. 线路设备静态检查周期和内容是怎样规定的?

答:线路设备静态检查周期规定及其内容如下:

(1)允许速度 200 km/h 以下线路:正线线路和道岔,每月应检查 2 次(当月有轨检车检查的线路可减少 1 次);其他线路和道岔,每月应检查 1 次。

允许速度 200 km/h 以上线路:线路和道岔每月检查一遍。如每周有确认检查车时,与确认车检查内容重叠的检查项目,其静态检查周期可适当延长,每季度不少于一遍。

(2)曲线正矢,每季应至少全面检查 1 次。

(3)对无缝线路轨条位移,每月应观测 1 次。

(4)对钢轨焊接接头的表面质量及平直度,每半年应检查 1 次。

(5)对严重线路病害地段和薄弱处所,应经常检查。

轨距、水平、三角坑应全面检查。

轨向、高低及设备其他状态应全面查看,重点检查。

对伤损轨枕、伤损钢轨、夹板和焊缝应同时检查。

检查结果应做好记录,认真分析,对超过临时补修管理值的处所应及时处理。

126. 轨道静态几何尺寸容许偏差管理值中,作业验收管理值是什么标准?

答:轨道静态几何尺寸容许偏差管理值中的作业验收管理值是进行线路大修、综合维修、经常保养和临时补修作业后的质量检查验收对照标准。

127. 轨道静态几何尺寸容许偏差管理值中的经常保养管理值是什么标准?

答:轨道静态几何尺寸容许偏差管理值中的经常保养管理值是线路轨道应经常保持的质量管理标准。线路设备状态处于这个管理值范围之内,说明线路设备处于完整和质量均衡状态。

128. 轨道静态几何尺寸容许偏差管理值中的临时补修管理值是什么标准?

答:轨道静态几何尺寸容许偏差管理值中的经常保养管理值是应及时进行轨道整修的质量控制标准。轨道几何尺寸变化一旦超过临时补修的容许偏差时,就应及时进行整修,防止偏差量发展过大而接近危及行车安全的程度。

129. 动态检查周期是怎样规定的?

答:允许速度 200 km/h 及以上线路,轨道检查车和综合检测列车交替检查,平均每 5 天一遍。

允许速度 200 km/h 以下线路,铁道部轨道检查车,定期进行检查;铁路局轨道检查车,每月检查不少于 2 遍(含铁道部轨道检查车检查),对年通过总重为 25 ~ 80 Mt 以内的正线每月检查 1 遍,对年通过总重小于 25 Mt 的正线每季检查 1 遍。

130. 线路动态检查的项目有哪些?

答:线路动态检查根据轨道检查车的车型不同,GJ-4 型以前的轨检车检查项目为轨距、水平、高低、轨向、三角坑、车体垂向振动加速度和横向振动加速度七项,GJ-4 型以后的轨检车在原来七项的基础上新增加了轨距变化率、曲率变化率、车体横向加速度变化率三项。

131. 动态检测的轨道不平顺中,有哪几种波幅的不平顺应重视处理? 为什么?

答:应重视以下几种轨道不平顺的判别,并及时处理。

$v>200$ km/h 以上线路:

(1)周期性连续三波及多波的幅值为 7 mm 的轨向,8 mm 的水平、高低。

(2)50 m 范围内有 3 处幅值大于 7 mm 的轨向,8 mm 的水平、高低。

(3)轨向、水平逆向复合不平顺。

(4)周期性轨道短波不平顺。

$v \leqslant 200$ km/h 线路:

(1)周期性连续三波及多波的幅值为 10 mm 的轨向,12 mm 的水平、14 mm 的高低。

(2)50 m 范围内有 3 处幅值大于 12 mm 的轨向、水平,16 mm 的高低。

(3)轨向、水平逆向复合不平顺。

这四类轨道不平顺,如果单一的从不平顺幅值来看,都未达到Ⅲ级超限,似无行车安全之虑,但如果从不平顺的连续性来看,连续性的多波不平顺容易引发激振,周期性的连续不平顺容易引发共振,从而极易导致列车脱轨。

所以,对这类幅值的轨道不平顺,要认真判别,并及时予以处理。

132. 线路动态检查质量容许偏差等级分为几级? 内容是什么?

答:线路动态检查质量容许偏差等级分为四级,其内容为:

Ⅰ级为保养标准,Ⅱ级为舒适度标准,Ⅲ级为临时补修标准,Ⅳ级为限速标准。

133. 线路动态检查质量容许偏差管理值是多少?

答:线路动态检查各级质量容许偏差管理值如表 31 所示。

表 31　轨道动态质量容许偏差管理值(mm)

项目		$v \leqslant 120$ km/h				120 km/h < $v \leqslant 160$ km/h				160 km/h < v < 200 km/h				200 km/h ≤ $v \leqslant 250$ km/h			
		Ⅰ级	Ⅱ级	Ⅲ级	Ⅳ级	Ⅰ级	Ⅱ级	Ⅲ级	Ⅳ级	Ⅰ级	Ⅱ级	Ⅲ级	Ⅳ级	Ⅰ级	Ⅱ级	Ⅲ级	Ⅳ级
轨距		+8 −6	+12 −8	+20 −10	+24 −12	+6 −4	+10 −7	+15 −8	+20 −10	+4 −3	+8 −4	+12 −6	+15 −8	+4 −3	+6 −4	+8 −6	+12 −8
水平		8	12	18	22	6	10	14	18	5	8	12	14	5	8	10	13
三角坑		8	10	14	16	5	8	12	14	4	6	9	12	4	6	8	10
高低	波长 1.5 ~ 42 m	8	12	20	24	6	10	15	20	5	8	12	15	5	8	11	14
轨向	波长 1.5 ~ 42 m	8	10	16	20	5	8	12	16	5	7	10	12	5	7	8	10
高低	波长 1.5 ~ 70 m	—	—	—	—	8	12	—	—	6	10	—	—	6	10	15	—
轨向	波长 1.5 ~ 70 m	—	—	—	—	8	10	—	—	6	8	—	—	6	8	12	—
车体垂向加速度(m/s^2)		1	1.5	2	2.5	1	1.5	2	2.5	1	1.5	2	2.5	1	1.5	2	2.5
车体横向加速度(m/s^2)		0.6	0.9	1.5	2	0.6	0.9	1.5	2	0.6	0.9	1.5	2	0.6	0.9	1.5	2
轨距变化率(‰)		2	2.5	—	—	1.5	2	—	—	1.2	1.5	—	—	1	1.2	—	—
曲率变化率($1/m^2 \times 10^{-6}$)		5	6.5	—	—	3	4	—	—	2	2.5	—	—	1.2	2	—	—
横向加速度变化率(m/s^3)		1.5	3	—	—	1.5	3	—	—	1.5	3	—	—	1.5	3	—	—

注:三角坑基长为2.5 m;轨距变化率基长为2.5 m;曲率变化率基长为18 m;横向加速度变化率基长为18 m。

134. 线路大、中修如何进行验收?

答:线路大、中修正线以千米(始终点不是整千米时可按实际长度合并验收)、站线以一股道、铺设无缝线路以一个区间(包括相衔接的普通线路,特殊情况为一段)为单位验收。

按照线路大、中修验收评分表,主要项目(轨向、高低、线路锁定、道床清筛、捣固质量、路基排水)一次达到标准,可评为“优良”。如有主要项目不符合标准,次要项目漏项或不合格,经整修后复验达到标准,评为“合格”。

135. 成组更换新道岔如何验收?

答:成组更换新道岔以组为单位验收。

按更换新道岔验收评分表,主要项目(轨向、高低、道床清筛和捣固质量、尖轨、可动心轨、辙叉与护轨状态、道岔锁定轨温)一次达到标准,可评为“优良”。如有主要项目不符合标准,次要项目漏项或不合格,经整修后复验达到标准,评为“合格”。

136. 线路、道岔综合维修如何验收?

答:线路正线以月综合维修长度、无缝线路可以 1 个单元轨条、站线以 1 个股道、道岔以 1 组为单位验收。

按照线路综合维修验收评分表或道岔综合维修验收评分表标准,得分 85 ~ 100 分为优良,60 ~ 84 分为合格,60 分以下为失格。

137. 道尺(轨距尺)**、支距尺的检定周期是多少?**

答:道尺(轨距尺)检定周期为一个季度。

支距尺检定周期为半年。

138. 接头螺栓扭矩扳手和扣件扭矩扳手检定周期是多少?

答:接头螺栓扭矩扳手和扣件扭矩扳手每年至少检定 1 次,其容许误差不得大于 4%。

139. 钢轨温度计检定周期是多少?

答:钢轨温度计每年至少检定 1 次,其误差不得大于 0.1 ℃。

140. 线路巡守人员(巡道工、道口工)**应具备哪些条件?**

答:线路巡守人员(巡道工、道口工)应具备下列条件:

(1)熟悉有关规章制度及线路业务;

(2)有单独处理故障的能力;

(3)巡守人员(含替班人员)应经工务段考试合格,持证上岗。

141. 线路巡守人员执行交接班应注意哪些事项?

答:线路巡守人员交接班时,应交清和接清下列事项:

(1)发现的问题和处理情况以及需要继续处理的问题,并记入交接班记录簿内;

(2)信号用品、巡道牌、工具、材料及其他备品等。

142. 线路巡守人员作业中应遵守哪些汇报要求?

答:线路巡守人员作业中应遵守以下汇报要求:

(1)发现影响行车安全的故障和其他重要情况时,应及时报告工长或车间主任,危及行车安全时应立即采取防护措施并向车站和工务段调度报告;

(2)经常向工长汇报行车安全及人身安全情况、线路设备变化情况。

143. 线路巡守人员作业中应遵守哪些规定? 重点检查哪些项目?

答:线路巡守人员作业中应遵守以下规定:

巡道工在当班巡道时,应穿戴防护服,按照工务段编制的巡回图巡道,以 3 km/h 左右的速度全面查看线路,掌握重点列车运行时刻,注意瞭望,及时下道避车,迎送本线运行列车。

在当班巡回时,应打紧浮起道钉,拧紧松动的螺栓,清扫无人看守道口的轮缘槽。

允许速度大于 120 km/h 区段或遇降雾、暴风雨(雪)、扬沙等恶劣天气、瞭望困难时,巡道工应行走路肩,察看线路状态。

作业中应重点检查以下项目:

(1)钢轨、道岔及主要联结零件是否缺损,原有标记的伤损是否变化;

(2)是否有侵入限界、胀轨跑道等线路故障;

(3)路基沉陷、塌方落石、水害、雪害、沙害、冻害等情况;

(4)桥头护锥是否出现异常;

(5)道口铺面及护桩是否缺损。

如线路发生故障,应立即按有关规定进行防护、处理。

144. 道口看守作业要做好哪些工作?

答:道口看守作业应做到:

注意瞭望列车,注意信号显示、警铃音响和道口交通情况,在列车通过前后适时关、开栏杆或栏门。

双线和多线地段的道口,列车通过后,必须确认其他线路无列车驶来,多人看守道口应先互对信号后方可开放栏杆或栏门。

如道口发生故障,应按《铁路工务安全规则》的规定首先进行防护,然后迅速组织力量排除故障。

利用列车间隔时间或交接班时间,清扫轮缘槽,平整道口铺面,定期对栏杆或栏门转动设备涂润滑油,清理道口排水设备,保持道口和附近线路整洁。

145. 道口看守房内应配备的"五簿"是指什么?

答:道口看守房内应具有:行车日志记录簿,交接班记录簿,设备检查记录簿,安全通知通报记录簿,道口检查指导记录簿。

146. 道口看守交接班的"四清"内容是什么?

答:交接班做到"四清",交接清安全情况,交接清工具、信号设备,交接清设备状态,交接清注意事项。

作业技能要求

1. 如何整修线路标志?

答:线路标志的式样,应符合标准图规定,状态完整,颜色鲜明。线路标志按计算里程方向,单线设在线路左侧,双线设在两线路的外侧,距线路中心线不小于3.1 m(距钢轨头部外侧不小于2.38 m)处。

在中间站及以下车站站内,设在最外股道的外侧。在区段站及以上站站内时,设在正线与到发线之间。如下行方向的线路左侧有站台时,可设在站台上,并在相对钢轨腹部标示出来。

隧道内,用油漆写于隧道边墙上,白底黑字,其底边高出轨面约2 m。无衬砌的坚石隧道,应将该处岩壁凿光,漆成白底,再用黑漆书写。

桥梁上,有人行道时,固定在人行道栏杆上;无人行道时,可用托架或方木固定于桥梁或桥枕上。

(1)公里标、半公里标及百米标:表示一条线路从起点至本标志的距离公里数,设在一条线路自起点计算每一整公里、半公里、百米处,白底黑字,标明公里整数、1/2及1、2、3、4、5、6、7、8、9,如图12所示。

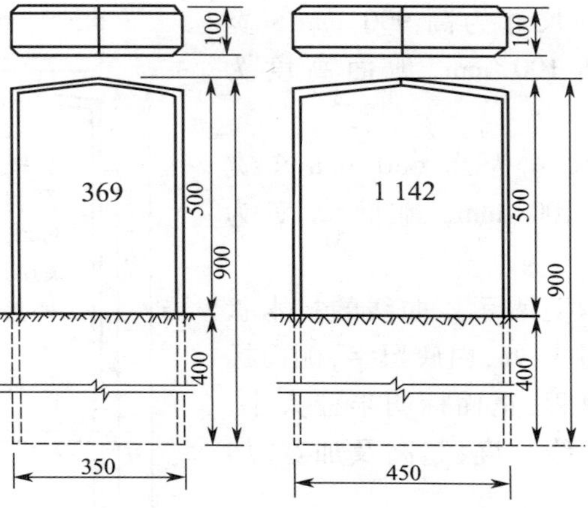

(a)公里标

图 12

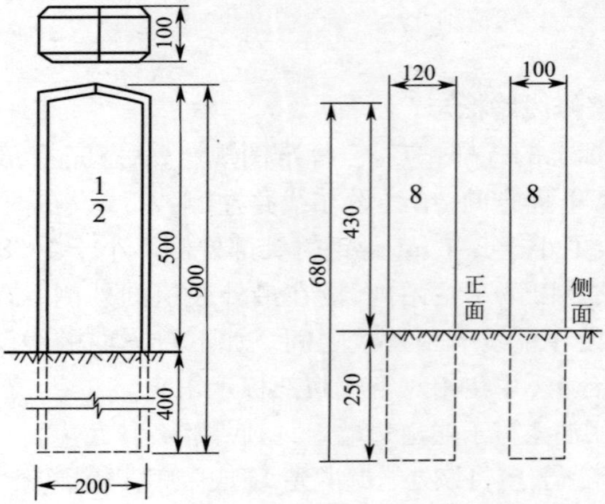

(b)半公里标　　(c)百米标

图 12　公里标、半公里标、百米标(单位:mm)

公里标尺寸为高 900 mm × 宽 450 mm × 厚 100 mm(另有宽为 350 mm一种),地面高度为 500 mm。

半公里标尺寸为高 900 mm × 宽 200 mm × 厚 100 mm,地面高度为 500 mm。

百米标尺寸为高 680 mm × 宽 120 mm × 厚 100 mm,地面高度为 430 mm。

(2)曲线标:表示该曲线的技术状态,设在曲线中点处,白底黑字,侧面标明曲线中心里程,正面标明半径大小、曲线和缓和曲线长度、超高及加宽,如图 13 所示。

曲线标尺寸为高 900 mm × 宽430 mm × 厚 100 mm,地面高度为 500 mm。

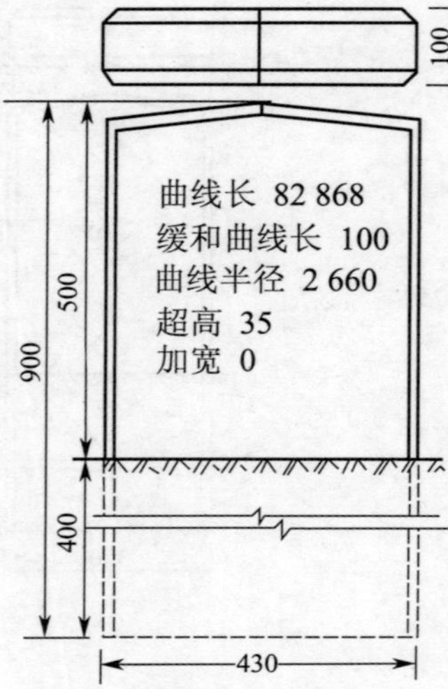

图 13　曲线标(单位:mm)

(3)圆曲线和缓和曲线始终点标(俗称三角标):白底黑字,设在直缓、缓圆、圆缓、缓直各点处,标明所向方向为直线、圆曲线或缓和曲线,如图 14 所示。

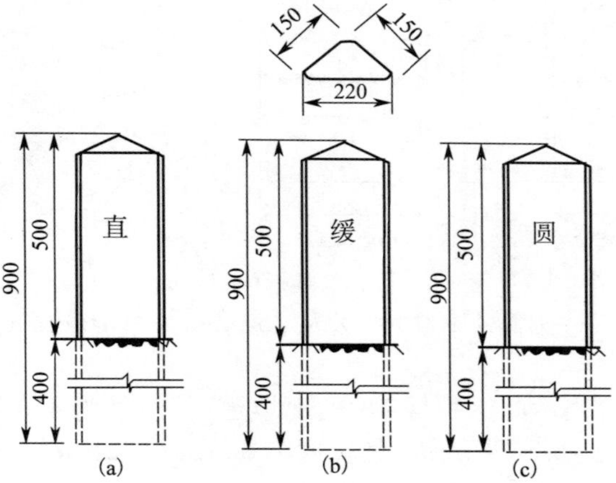

图 14 直缓、缓圆、圆缓、缓直三角标(单位:mm)

曲线和缓和曲线始终点标(三角标)为三角形,高度为 900 mm,三边尺寸为 200 mm × 150 mm × 150 mm,地面高度为 500 mm。

“缓”字是指标后为缓和曲线;“圆”字是指标后为曲线;“直”字是指标后为直线。

(4)桥梁标:设在桥梁两端桥头处,白底黑字,侧面标明中心里程,正面标明桥梁编号和长度,如图 15(a)所示。

(5)涵渠标:设在涵渠两端处,白底黑字,标明涵渠孔跨式样和中心里程,如图 15(b)所示。

桥梁标、涵渠标尺寸为高 900 mm × 宽 450 mm × 厚 100 mm,地面高度为 500 mm。

(6)隧道(明洞)标:直接标注在隧道(明洞)两端洞门端墙上,白底黑字,标明隧道号或名称、中心里程和长度,如图 15(c)所示。

(7)坡度标:表示线路纵断面状态的标志,白底黑字,设在线路坡度的变坡点处,两侧各标明其所向方向的上、下坡度值及其长度,如图 16 所示。

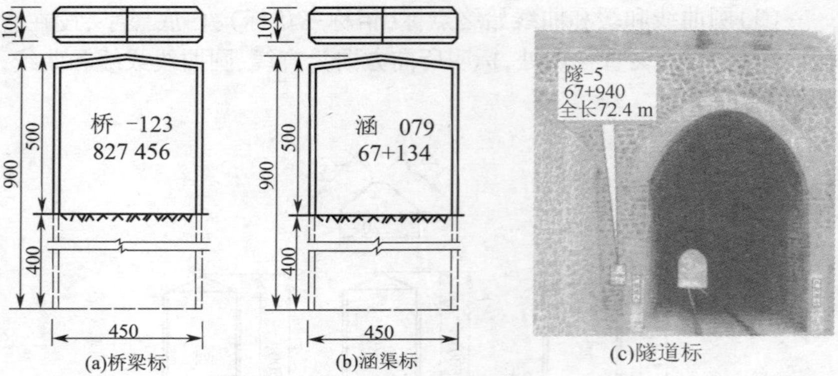

(a)桥梁标　(b)涵渠标　(c)隧道标

图 15　桥、涵、隧标(单位:mm)

坡度标尺寸为高 1 100 mm × 宽 350 mm × 厚 100 mm,地面高度为 600 mm。

图 16(a)表示此标后是 4‰的上坡道,其长度为 450 m;图 16(b)表示此标后是 4‰的下坡道,其长度为 300 m;图 16(c)表示此标后是平道,其长度为 350 m。

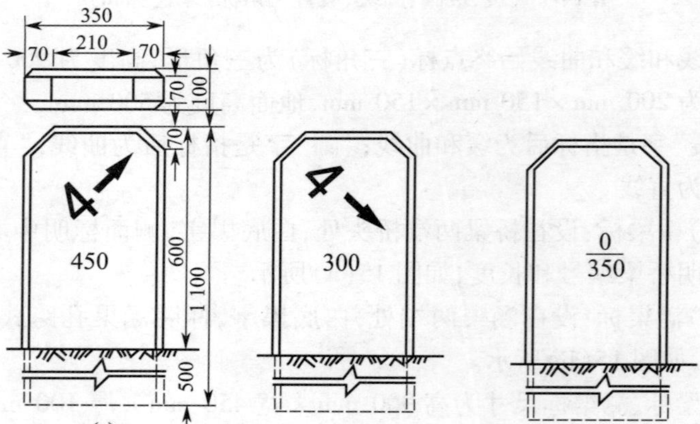

(a)　(b)　(c)

图 16　坡度标(单位:mm)

(8)隐蔽建筑物标:白底黑字,设在盲沟、渗水沟、暗检查井及坑道等隐蔽建筑物的出口处,面向线路一侧标明里程位置,另一侧标明建筑年代,如图 17 所示。

隐蔽建筑物标为宽 70 mm × 厚 40 mm，高度 700 mm，地面高度为 400 mm。

(9)铁路局、工务段、线路车间、线路工区的管界标：白底黑字，设在各该单位管辖地段的分界点处，两侧标明所向的单位名称，如图 18 所示。

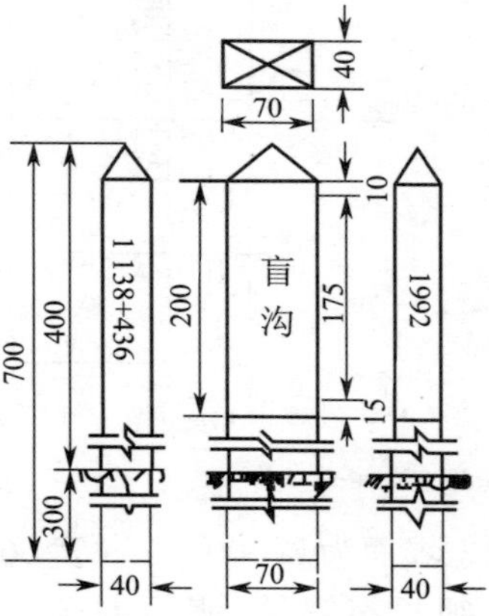

图 17　隐蔽建筑物标(单位：mm)

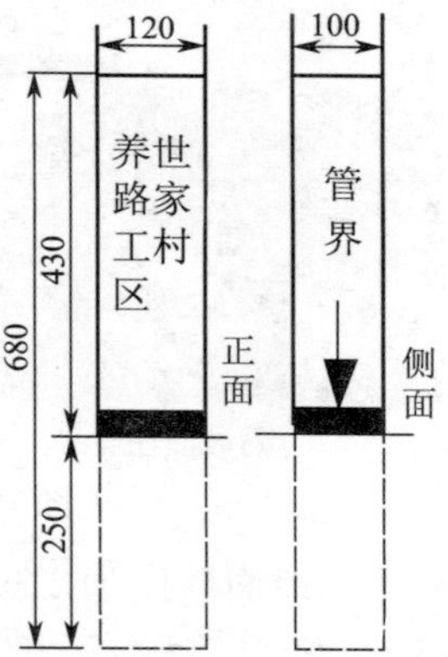

图18　管界标(单位：mm)

管界标尺寸为宽 120 mm × 厚 100 mm，局界标高度 1 510 mm，地面高度为 1 100 mm；段界标高度 1 220 mm，地面高度为 870 mm；车间界标高度 930 mm，地面高度为 630 mm；工区界标高度为 680 mm，地面高度为 430 mm。

2. 如何整修信号标志？

答：信号标志的式样，应符合标准图规定，状态完整，颜色鲜明。

(1)警冲标：设在两会合线路线间距离为 4 m 的中间。有附带曲线时，曲线一侧按限界加宽值加宽。线间距不足 4 m 时，设在两线路中心线最大间距的起点处，如图 19 所示。

警冲标为直径 120 mm 的圆顶圆柱，长度为 1 100 mm，轨枕面以上高度 300 mm。

(2)站界标：站界标表示区间和站内的分界位置，设在双线区间列车运行方向左侧最外方的顺向道岔(对向出站道岔的警冲标)外不少于 50 m 处，或是邻线进站信号机相对处，如图 20 所示。

(a)实景图

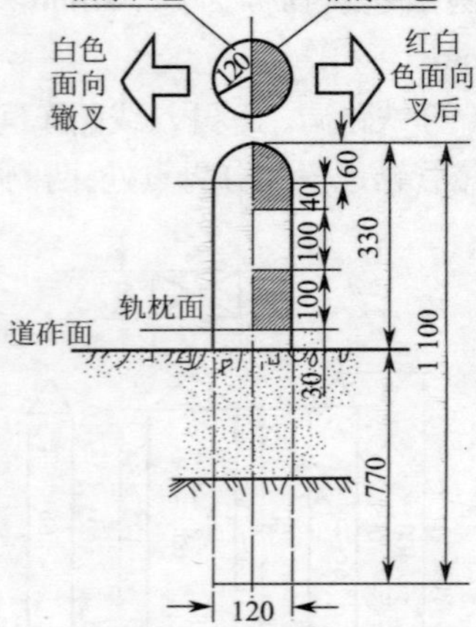

(b)尺寸图

图 19　警冲标(单位:mm)

站界标地面高度为 2 390 mm,标志界面为高 300 mm × 宽 660 mm。

(3)司机鸣笛标:司机见此标志须长声鸣笛,表示列车已接近。设在道口、大桥、隧道及视线不良地点的前方 500 ~ 1 000 m,单线列车方向的线路左侧处,双线两线线路的外侧处,如图 21 所示。

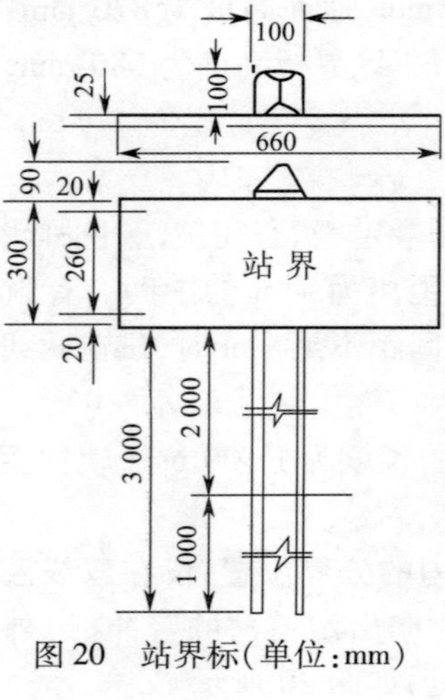

图 20　站界标(单位:mm)

图 21　鸣笛标

3. 手工扒道床作业有何要求?

答:用齿耙先将轨枕头盒内及钢轨内侧道砟扒出,然后用道镐串出钢轨底部石砟。开始先扒右手镐窝,将道砟堆在轨枕盒内对面的左手镐窝处,捣完右手镐后,再把堆在左手镐窝处的道砟扒到右手镐窝处,再捣左手镐,这样能防止捣左手镐时,石砟从反面串出。

扒砟长度:自轨底中心向两侧各扒开 400 ~ 450 mm,轨底扒清。

扒砟深度:不起道手工捣固时,扒至轨枕底以下 10 ~ 20 mm;起道 10 mm 时,扒至与轨枕底平;起道超过 10 mm 时,应留有起道量 2 倍的道砟(自轨枕底向上算);机械捣固时,起道量在 20 mm 以内,扒出轨枕盒内 1/2 道砟;起道量在 20 ~ 40 mm 时,扒出轨枕盒内 1/3 道砟。

扒砟宽度:距轨枕边 100 mm。

无缝线路区段,严格掌握作业轨温范围。

4. 手工捣固要求如何?

答:在"天窗"点内作业。无缝线路区段,严格掌握作业轨温范围。

手工捣固,分右手镐(正面镐)和左手镐(反面镐)。捣右手镐时,右手在前,左手在后,站立位是右脚在前,左脚在后。捣左手镐时,手脚位置与右手镐相反。

排镐顺序:自钢轨中心起向两侧各 400 ~ 460 mm 为捣固范围,先由轨底向外排,再由外向轨底排。镐头宽度为 70 mm,每镐约有 4 ~ 5 mm的重叠量,混凝土枕横排 7 个镐位,木枕横排 6 个镐位,如图 22 所示。

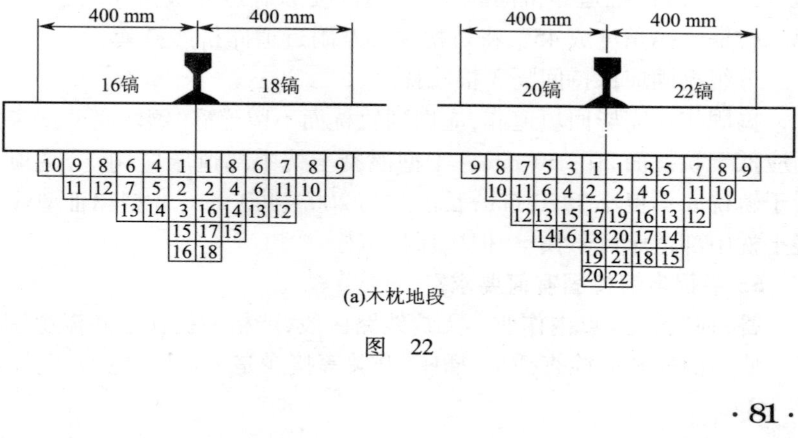

(a)木枕地段

图 22

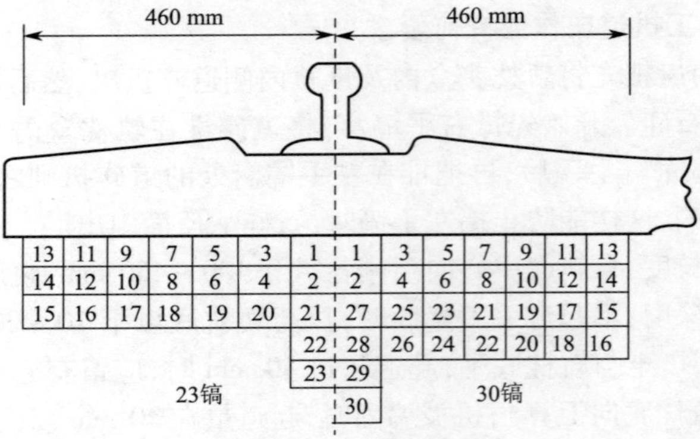

(b)混凝土枕地段

图 22　手工捣固排镐图

打镐数量:起道量在 5 mm 以内或不起道时,捣 16 镐;起道量在 6 ~ 14 mm时捣 18 镐;起道量在 15 ~ 20 mm 时捣 20 镐;起道量超过 20 mm时捣 22 镐。对不良病害处所要加强捣固,对衔接处、小腰等要适当减镐。

落镐位置和角度:落镐点应在轨枕底边前,第一排镐落点距轨枕底边 10 ~ 20 mm 处,第二排镐应适当填些道砟,落镐点距轨枕底边 20 ~ 30 mm 处,避免击伤轨枕,同时把轨枕底部道砟捣成阶梯形的稳固基础。第一排镐落镐角度,应使镐头与轨枕侧面垂线成 40°,镐头侧重向轨枕底下方打,把道砟挤向轨枕底深处,使原有道砟被挤而向上翻起。第二排镐落镐角度成 45°,将轨枕底部及附近道砟挤严打紧。

分组捣固应保持间隔 3 根轨枕。

捣固作业完毕回填道砟,应做到轨枕面不留道砟,钢轨底处道床顶面应低于轨枕面 20 ~ 30 mm。Ⅰ型混凝土枕中部道床应掏空,其顶面低于轨枕底不得小于 20 mm,长度应为 200 ~ 400 mm;Ⅱ型和Ⅲ型枕混凝土枕中部道床可不掏空,但应保持疏松。

5. 手提电镐捣固有何要求?

答:在“天窗”点内作业。无缝线路区段,严格掌握作业轨温范围。

使用前应全面检查插头、插座、开关等接触是否良好,电缆、电气设备绝缘是否有损坏，检查各联结部位螺栓是否紧固，并对滑动、转动部位加注润滑油，启动电机试好正反转。

捣固时，应随时摆动镐板，首先使电镐与轨枕垂线成45°角，以后逐渐增大，到结束时为80°角，同时在捣固过程中还应将电镐沿中心线向四周摆动和左右倾斜约20°角，这样可使镐头插入道床，使石砟进入枕底，提高捣固质量。木枕线路捣固，先将捣轨底，由轨底向两侧移动，然后再由外向轨底捣，捣固长度为钢轨中心线两侧各400 mm，捣固时间为40～45 s。混凝土枕线路捣固，起道量在20 mm以下时，每根轨枕捣40 s，接头4根及洼底每根轨枕捣45 s；起道量在20～40 mm时，每根轨枕捣50 s，接头4根及洼底每根轨枕捣55 s。排镐顺序如图23所示。

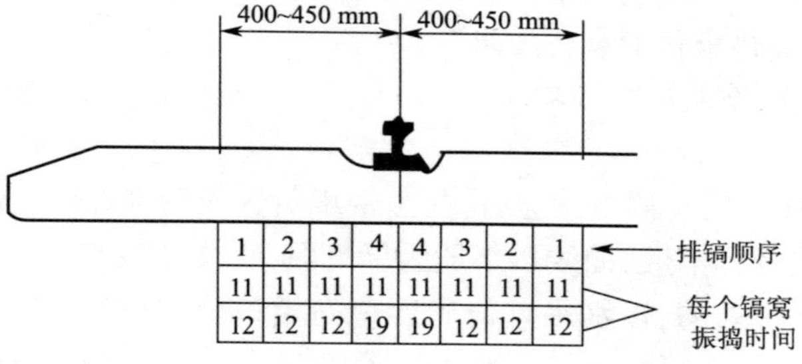

(a)捣固时间

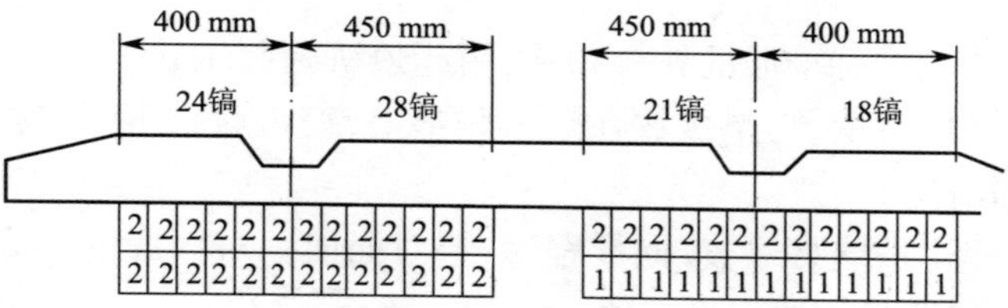

(b)排镐位置

图23　电镐或捣固棒混凝土枕排镐图

6. 使用威克捣固棒作业应注意什么？

答：首先注意燃油比率：两冲程混合油比率为1∶50；第一缸机油与燃油混合比率为1∶25。使用常规无铅汽油。

启动时，先打开燃油阀，如果发动机处于冷态，关闭化油器上的风门，把油门放置一半，然后急速拉启动绳，直到发动机启动，启动后打开发动机风门。

发动机处于热态后，把油门打到全速状态。注意：冬季低温下，系统内润滑脂将变的黏稠，应让发动机启动后在怠速状态下运转2～3 min，并把机器提起几次，然后快速按下油门，操作机器。

捣固要求与手提电镐捣固要求基本相同。

完成捣固，提起机器时，释放手柄上的油门，让机器减速。停止作业时，按下停止（stop）按钮，关闭燃油开关。

长时间不使用时，应清洁机器，把防锈剂加入混合油并让发动机运转5 min左右，然后关机。

7. 一般垫板作业有何要求？

答：成段作业在“天窗”点内作业。无缝线路区段，严格掌握作业轨温范围。

垫板作业属于群组作业，首先由带班负责人调查好作业量。

（1）选择标准股：曲线以下股为标准股，直线视线路情况而定。

（2）水平差的，以水平差值确定垫高量；存在高低及水平差的，先目测或用弦线测量一股高低差值，估算垫高量，高低垫平后再对垫水平差值。

（3）先松开标准股的轨枕扣件，用起道机抬起钢轨，用小铲刀铲松胶垫，根据垫高量，将垫板放在轨下胶垫上，摆正后松下起道机落下钢轨，拧紧扣件。

（4）标准股垫好后，按同样程序，垫对面股。对面股的垫高量等于标准股的垫高量加原水平差值。

（5）垫好后，对照轨距拧紧扣件，轨距小时，对面股先拧紧内侧扣件，反之则先拧紧外侧扣件。

（6）作业中垫入的垫板数量及厚度不超规定范围，如胶垫破损，扣件作用不良者要同时更换，调整好扣板与垫座的配伍，使扣件无“三不密”，扭矩达标。弹条Ⅰ型、Ⅱ型扣件的拧紧程度，可目测弹条中部前端下颚是否靠贴轨距挡板，当弹条中部前端下颚靠贴轨距后再将螺母拧紧1/4圈，扭矩即可达150 N·m。

（7）无缝线路区段，轨温超过实际锁定轨温+20 ℃以上时，禁止垫板作业。

8. 冻害垫板作业有何要求？

答：垫板作业属于群组作业，首先由带班负责人调查好作业量：

（1）清除轨底附近、铁垫板周围的冰雪、沙土，在适当位置扒好起道机窝。

（2）需削平时，削平长度应比冻害垫板长30 mm左右。

（3）直线地段，先垫冻起较高的一股，曲线地段先垫上股，由顺坡两端向平台方向进行作业。

（4）起下或冒起先垫一股的道钉。

（5）用撬棍或起道机抬起钢轨，垫入安全木楔。

（6）在铁垫板下垫入6 mm以上垫板时，应将铁垫板撬起、打出，将枕木面清扫干净，插入钉孔木片。

（7）根据垫入或撤出高度，调好垫板量，使其软硬均匀，垫入轨底或铁垫板下，摆平对好钉孔位置，撤出安全木楔，满足顺坡要求。

（8）松下起道机，看好方向，钉齐道钉。

（9）后垫一股按同样程序作业，最后找好轨距、水平和方向。

9. 道床清筛有何要求？

答：在"天窗"点内作业。无缝线路区段，严格掌握作业轨温范围。

清筛所用的铁丝筛其孔径不应大于15 mm，清筛后用同孔径筛子复筛检查，筛出物体积比不超过5%。

清筛采用分段倒筛法，即先在轨枕一头道床扒开一个豁口，将清砟倒在后面路肩上，接着清筛轨枕盒，将清砟倒在豁口里，即清筛第二个轨枕盒的石砟，回填第一个轨枕盒，以此类推，循序倒筛。

单线线路，道心50～100 mm，至轨枕底下50～100 mm，轨枕头筛至轨枕底下150～200 mm，轨枕头外筛至路其面。

双线线路，两线间轨枕头筛至轨枕底50 mm，线路中心筛至轨枕底下100 mm，外侧轨枕头筛至轨枕底下150～200 mm，轨枕头外侧筛至路基面，如图24所示。清筛后道床断面应达到要求，如表32所示。

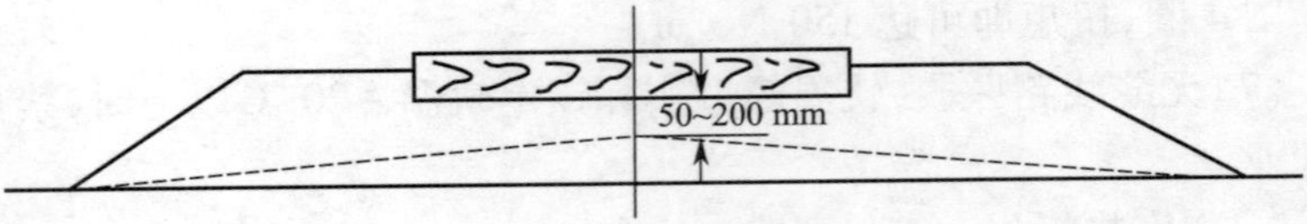

(a)单线清筛示意图

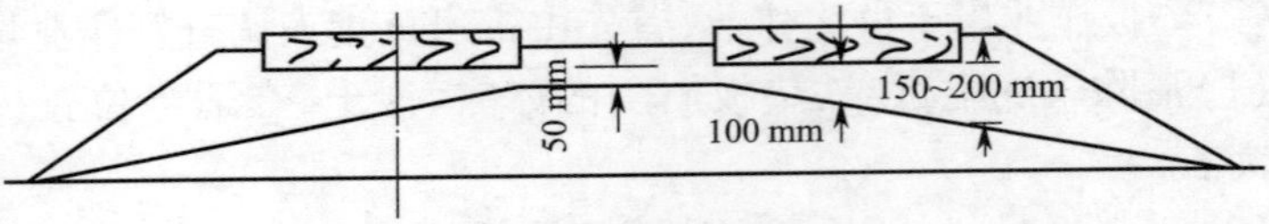

(b)双线清筛示意图

图 24　清筛尺寸示意图

表 32　道床断面

项　　目	道床顶面宽度（m）	边坡坡度
无缝线路	3.4～3.5	1∶1.75
普通线路	3.1	1∶1.75
一般线路	3.0	1∶1.75
站　　线	2.9	1∶1.75

无缝线路区段，轨温超过实际锁定轨温 +20 ℃以上时，禁止清筛作业。

10. 道床整理作业有何要求?

答：回填边坡道砟：用大拉耙回收道床边坡石砟，收砟时要注意道床前后均匀，边坡整齐，不要把泥土及杂草带入道床。

回填道心道砟，要求均匀丰满。轨枕面不留道砟，钢轨底处道床顶面应低于轨枕面 20～30 mm。木枕线路道床顶面应低于枕木面 20 mm；混凝土枕线路道床顶面应低于轨枕的承轨台面 20 mm。Ⅰ型混凝土枕中部道床应掏空，其顶面低于轨枕底不得小于 20 mm，长度应为 200～400 mm；Ⅱ型和Ⅲ型枕混凝土枕中部道床可不掏空，但应保持疏松。

道床边坡应按规定不陡于 1∶1.5～1∶1.75，进行夯拍，坡脚整齐，无杂草。砟肩宽度应不小于 30 mm。无缝线路可按 150 mm 堆高砟肩,以提高道床阻力。

11. 如何正确使用道尺?

答:使用道尺手工检查轨距水平时,一定要注意检校道尺。除了使用开始时的水泡是否居中检校,在使用过程中,一定要注意随着气温的变化而产生的道尺水泡的变化,及时确认变化误差值,防止读数错误和分析错误的产生。

作业时,将道尺的固定端紧靠一股钢轨的作用边,另一端姆指顶推道尺的活动板,将道尺顺钢轨作用边做小量纵向前后移动,记取轨距的最小读数。

在叉心部位检测时,一定要将道尺的固定端放在叉心上,而不能将道尺的活动端放置在叉心上。这是因为将道尺活动端放置在叉心上时,道尺的活动端部会搁在另一侧的翼轨上,而不在规定的叉心检测宽度位置上,因为翼轨存在堆高,检测轨距用的卡头被抬高,不能正确的检测轨距和水平。

12. 如何确定水平基准股? 水平值的正、负怎样确定?

答:钢轨的左右股是按计算里程的延顺方向来确定的,里程延顺方向的左侧为左股。水平测量时,直线地段以左股钢轨为基准股,左股水平高于右股为“+”,反之为“-”;曲线地段,以曲线下股钢轨为基准股,扣除对应点的超高值后,上股水平高于下股为“+”,反之为“-”。道岔水平,应以导曲线上股一侧的两根钢轨为基准股,其高为“+”,反之为“-”。

13. 木枕改道有何要求?

答:改道作业属于群组作业,首先由带班负责人校正道尺,选择好基准股,调查好作业量,在“天窗”点内作业。

(1)铁垫板或轨底有压陷枕木处所,应先进行削平。

(2)起钉:必须使用起钉垫,采取三起三垫的方法,禁止使用石块或道钉杆替代,以免压伤木枕和撬棍滑脱。道钉起出后应放在适当的位置,禁止乱扔。

(3)整修钉孔:原道钉出现歪、斜、俯、仰现象的,应先整修钉孔。

钉孔后仰的，凿刀刃靠在钉孔外侧；钉孔前俯的，凿刀刃靠在轨底边一侧；钉孔左歪的，凿刀刃靠在钉孔右侧；钉孔右斜的，凿刀刃靠在钉孔左侧。钉孔凿入深度约为 100 mm。

(4)插入改道木塞：打入道钉前，必须在钉孔中插入长 110 mm、厚 5 mm、宽 15 mm 的改道木塞。钢轨需要向左移动时，木塞插在钉孔右侧；钢轨需要向右移动时，木塞插在钉孔左侧；钢轨不需移动时，木塞插在钉孔旁边。

(5)使用直钉器：直钉器放在轨枕盒内道床上，将弯曲道钉放入直钉器槽内，凸面向上，钉帽对着直钉者，用道钉锤整直。

(6)拨正轨距，打入道钉：用撬棍或改道拉杆拨动钢轨至需要轨距时，栽入道钉，改小轨距先栽钢轨外侧，改大轨距先栽钢轨内侧。铁垫板外侧挡肩贴靠轨底，将道钉垂直打入。

(7)轨距符合作业验收标准，轨距千分率符合规定要求。

(8)无缝线路区段，轨温超过实际锁定轨温 +15 ℃以上时，禁止改道作业。

14. 混凝土枕线路如何改道？

答：混凝土枕线路的改道，是通过调整扣板或轨距挡板来实现的。

(1)扣板式扣件

扣板或轨距挡板的号码是以螺纹道钉中心至轨底边的距离 L 的不同来划分的：0 号扣板 $L=33$ mm，2，4，6，8，…，22 号扣板的 L 依次递增 2 mm，如表 33 所示。

表 33　扣板号码及其 L 值

扣板号码	螺纹孔中心至轨底边距离(mm)	扣板号码	螺纹孔中心至轨底边距离(mm)
0	33	12	45
2	35	14	47
4	37	16	49
6	39	18	51
8	41	20	53
10	43	22	55

不同类型的钢轨，不同的轨距，可以选用不同号码的扣板或轨距挡板，以达到调整轨距的目的。

扣板号码 $N=L-33$。

调整过大轨距时，可加大钢轨外侧的扣板号码，相应减小钢轨内侧的扣板号码；调整过小轨距时，可加大钢轨内侧的扣板号码，相应减小钢轨外侧的扣板号码。应该注意的是，50 kg/m 钢轨每股内外扣板号码之和必须等于 16；43 kg/m 及 38 kg/m 钢轨每股内外扣板号码之和必须等于 34。

配置不同的扣板号码是指朝下一面的扣板号码数。

（2）Ⅰ型弹条扣件

设计有 14、20 号两种轨距挡板，0～6、12～4 号两种挡板座，配合使用可调整 －8～＋16 mm 的轨距。

（3）Ⅱ型弹条扣件（可配合Ⅲ型轨枕使用）

设计有 6、10 号两种轨距挡板，0～6、12～4 号两种挡板座，配合使用可调整 －12～＋8 mm 的轨距。

（4）Ⅲ型弹条轨距块

设计有 7、9、11、13 四种号码轨距块，配合使用可调整 －8～＋4 mm的处轨距。

（5）Ⅲ型道岔扣件

11～13 号轨距块为常用标准轨距块，另需加工 9～15、5～17 号轨距块和 2 mm 厚的调整片。2 mm 厚的调整片与 5 号轨距块组合可成 7 号轨距块，2 mm 厚的调整片与 17 号轨距块组合可成 19 号轨距块，配合使用可调整 －12～＋8 mm 的轨距。

在“天窗”点内作业。无缝线路区段，轨温超过实际锁定轨温 ＋20 ℃以上时，禁止改道作业。

15. 线路起道作业有何要求？

答：线路起道作业由三人配合进行，一人看道、对水平，一人使用起道机抬道，另一人打撬塞。在“天窗”点内作业。无缝线路区段，严格掌握起道高度的作业轨温范围。起道前，木枕地段打紧浮钉，混凝土枕地段紧固扣件，垫有垫板的应予以撤除。

重起重捣时，直线上以水平高的一股为基准股，全起全捣时，以左股为基准股；曲线上，以下股为基准股。

看道要求：俯身标准股上，距离起道机 20～30 m，看轨头外侧下颚水平线，找出坑洼，指挥起道机放置位置和起道高度。根据前标准点和后标准点，起平中间。在坡道上起道，从上坡往下坡看时，每点不能低；从下坡往上坡看时，每点不能高。普通接头适当抬高，预留下沉量。

起道要求：注视起道者的指挥，正确放置起道机，曲线上股地段放置在钢轨外口，其他地段放置在钢轨里口。非绝缘接头处放置在接头中间位置，钢轨焊缝处及绝缘接头处不能放置。

打撬塞要求：接头时，将起道机两边轨枕钢轨底下道砟串满打实，其他地段，将起道机边一根轨枕钢轨底下道砟串满打实，保证撤出起道机后，轨道不回落。

对水平要求：道尺要放在起道机的起道始点，尽可能靠近起道机；曲线上，特别是缓和曲线，要精准超高值。

复查长平：两股钢轨起平后，在前一节钢轨回看长平，对于拱腰和死坑位置，在钢轨上做减弱捣固或加强捣固的符号（减弱为“－－”，加强为“＋＋”）。

完工顺坡：根据不同区段速度不同顺坡率要求，做足顺坡长度。

电气化线路，起道高度单股一次不得超过 30 mm。

16. 单开道岔起道捣固要注意什么？

答：单开道岔起道，以直向外股为基准股，一般从尖轨前接头开始向后起。对水平时，道尺应放在尖轨前接头、尖轨尖端、尖轨跟端、导曲线中间接头、辙叉前接头、辙叉跟接头及查照间隔相对位置。

起直外股时，起道机放在导曲线上股，在外直股打撬塞，起内直股时，起道机放在导曲线下股，在内直股打撬塞，做到分段起道，四股钢轨一起抬平。特殊情况，视道岔前后高低和水平不同状态，将起道机放在适当的位置起道。

由于道岔结构原因，岔枕长度从 3. 35 m 以后，两内股钢轨逐渐靠拢，不好捣固，也不易捣实，长期致使岔枕中部低而两头翘，因此，要特别重视长岔枕中部捣固的密实度，而两端可适当减镐，同时注意捣固顺序：一般是从大腰向接头捣，坑洼两端向坑底捣；钢轨存在拱腰时，要从中部向两端捣。导曲线有反超高时，选择阴雨天，岔枕刚度降低时，抽出铁垫板进行捣固,以巩固捣固质量及校正岔枕两头翘的病害状态。

辙叉后有短轨时,起道机不能放在短轨接头上,应离开短轨接头1~2孔放置起道机,而在短轨接头处打撬塞。否则,极易造成短轨拱起。

做好前后顺坡衔接。

无缝线路区段,严格掌握起道高度的作业轨温范围。

17. 拨道作业应注意什么?

答:现代作业均使用液压拨道器拨道,使用拨道器不少于3台,另1人看道,1人扒整道床。

无缝线路区段,严格掌握拨道矢度的作业轨温范围。

基本股确定:直线地段两股轨向误差不大时,以顺里程方向的左股为基本股;如一股较差,则以较好一股为基本股;曲线地段以上股为基本股。

曲线地段应事先调查现场正矢,并计算好拨道量。

看道人应距离拨道点50 m以上,指挥扒整道床人点撬。

扒整道床人根据拨动方向及拨动长度,刨松或扒开拨道方向轨枕端部的道砟。拨量15 mm以下,可将拨动方向外侧轨枕头部的道砟刨松,拨量超过15 mm以上时,将拨动方向外侧轨枕头部的道砟扒开,如有防爬支撑,还应扒开防爬支撑靠拨道方向一侧的道砟。拨好后,回填并夯实拨道方向后端轨枕端部的道砟,整理好防爬支撑部位轨枕盒内的道砟。

拨道人(使用拨道器者),根据点撬位置,按拨道方向前2后1,平稳放置好拨道器,尽量防止抬起轨道。根据看道人指挥,3人动作要尽量协同一致。

曲线拨道的上挑和下压,都会造成轨线的伸长和缩短。普通线路轨线的伸长和缩短是通过轨缝变化来实现的。因此,普通线路在拨道前应事先调查曲线的轨缝状态,以避免因拨量大时造成轨缝挤瞎或轨缝被拉大。一般可先用公式计算曲线拨道后的伸长或缩短量,估算拨道后轨缝是否符合规定要求。如有影响,则应在拨道前先进行轨缝调整,以防止造成胀轨或是拉弯接头螺栓。

无缝线路曲线拨道带来的轨线伸长或缩短，只能通过改变钢轨内部的温度应力来调整。当轨温高于锁定轨温时，拨道上挑容易，上挑可使钢轨伸长，钢轨温度压力释放。当轨温低于锁定轨温时，拨道下压容易，下压可使钢轨缩短，钢轨温度拉力释放。如果拨道方法不当，会使锁定轨温改变。所以，无缝线路曲线拨道，应在轨温等于或接近锁定轨温时进行，并使上挑量与下压量接近。如拨道量较大，有可能会改变锁定轨温时，应先进行应力放散或应力调整。拨道前，还应拧紧扣件，拨道后，要及时夯实道床，尤其是夯实道床砟肩。同时，避免将拨道器放在焊缝处。

曲线拨道拨量不大时，或经常出现反弹还原处所，可适当留有 5 ~ 6 mm 的回弹量。曲线拨道后，要重新检测正矢。

计算拨道量及拨道时，要注意各种建筑物和信号机的接近限界，并注意不使桥梁造成偏心。

电气化线路拨道，一次不得超过 ±30 mm。

注意由于拨道引起的轨缝、轨道空吊、水平等变化，并及时予以整治。

18. 如何单根更换线路重伤钢轨?

答:(1)施工前准备工作

①现场测量伤轨长度，同时调查被换钢轨的联结零件伤损情况。申报送轨计划(钢轨类型、具体长度、卸料地点)。

②钢轨送到后，现场测量新旧钢轨的长度，轨高及轨头宽度(便于安排错牙整治)，摆正位置。置于轨枕头时，距线路上钢轨的净距不小于 150 mm；置于道心时，距线路上钢轨的净距不小于 300 mm，新钢轨不得高于线路上钢轨轨面 25 mm。确认被换钢轨两端轨缝现状。

③轨道电路区段，申请电务人员配合；电气化区段，准备好铜导线。如更换带有回流线的钢轨时，申请供电人员配合。

④劳力组织：防护 4 人(驻站、工地、两端各 1 人)，现场作业人员：12.5 m 及以下钢轨时不少于 6 人；25.0 m 钢轨时不少于 10 人。

⑤准备相应工具(撬棍、道钉锤、活动扳手、T 形扳手、道尺、长钢尺)材料(机油、需更换的零配件)。

(2)更换作业

①在更换钢轨前，散布需更换的联结零件，拆除妨碍换轨的防爬器、轨距杆。

②视轨温及轨缝状态，打紧或拧紧被换钢轨两端各 50 m 的防爬器和扣件。

③申请到故障“天窗”后，设好封锁防护。两人负责拆除接头夹板，其余人员起里口道钉并插入木塞片，冒起外口道钉；混凝土枕地段，松卸扣件（扣板式只需松动螺栓，将整套扣件旋转 90°即可），每隔 5 根轨枕螺杆上好一个螺帽，防止钢轨打坏丝扣。电气化线路，负责人按规定接好铜导线。

④2人两端用撬棍插入钢轨眼孔翻出旧钢轨，其余人员协助打撬翻出。旧轨拨出后，将伤损垫板（胶垫）换掉。用前述方法，拨入新钢轨，并调整好两端轨缝。撬棍插入眼孔翻动钢轨时，应口号呼唤，动作一致。

⑤4人负责两端上接头夹板及对量轨距钉道（或上好扣件），有错牙时同时整治。其余人员从中部向两侧对量轨距，打道钉（外口需起出道钉，插入木塞片后）。混凝土地段，对量轨距，上好中间扣件。对伤损零配件同时更换。

⑥负责人检查线路，达到恢复常速条件，撤除封锁防护，开通线路。

（3）整理作业

①木枕线路，安装整理好防爬设备、轨距拉杆，打紧浮钉，重新拧紧接头螺栓。混凝土枕线路，重新拧紧接头螺栓及中间扣件，使扭矩达标。

②整理旧轨料。

③负责人再次检查线路状况。确认工完料净。

④3天后，对被换钢轨的所有零部件全面紧固一遍。

19. 如何单根更换伤损的道岔基本轨、尖轨、护轨或辙叉？

答：其作业程序与单根更换钢轨基本相同，只是有些部件不同，其作业时的方法有些不同。

申报送料计划：包括基本轨的轨型类型（kg/m，普通或 AT）、道岔号数、道岔的左开右开、直基本轨或是曲基本轨、具体长度；尖轨的轨型类型、道岔号数、左尖轨或是右尖轨、直尖轨或是曲尖轨、具体长度；辙叉的轨型类型（拼装、整铸、可动心轨）、道岔号数等，需要更换的其他道岔零配件等等。

送料后，现场核对型号尺寸、左右开向等是否相符，检查曲基本轨的弯折点及弯折量是否符合规定要求。

劳力组织视轨型、长度不同、更换程度不同而不同。如轨撑连同基本轨一起换，比只换基本轨而不换轨撑要简单；弹性可弯式尖轨跟端结构要比铁砖（间隔铁）式尖轨跟端结构简单；整铸式辙叉要比可动心轨式简单。可根据实际情况安排劳力。

只换基本轨时，拆开接头，拆除尖轨跟端结构，松开轨撑螺栓后，引住钢轨先向里拨，待轨底离开轨撑卡口，即可撬棍插入钢轨眼孔向外翻出基本轨。

更换提速道岔基本轨，要先打掉滑床板下弹片的穿钉，取出弹片，拆除外侧扣件，取出轨距调整块，用撬棍引住基本轨在向外拨动时向内倾斜，使基本轨内侧轨底从滑床板卡槽内脱离出来。

新轨件更换到位后，上好两端接头夹板，中间部位对照轨距定位，再依据间隔尺寸要求，调整好各部间隔尺寸，补齐、拧紧各种联结零件，检查达标后开通线路，

过车后，重新检查尖轨、可动心轨的密贴及动程状态，使之符合规定要求。

整收旧轨料。

3 天后，对所有零部件全面紧固一遍。

20. 手工锯轨钻眼应注意什么？

答：带齐应带工具：锯弓、钢锯条、冲子、锤子、钻架、钻头、扳钻、钢尺、直尺、石笔、水、盛水容器等。

作业程序：

（1）把要锯的钢轨拨正、垫平、固定，垫墩靠近锯口，使要锯掉的一端钢轨悬空。

（2）用钢尺和直尺准确量好需要尺寸，用石笔画好锯轨线（石笔应磨细使用），用冲子打好钻孔样冲。锯轨的长度误差不超过 ±2 mm，其

断面应垂直,上下左右偏斜不超过 2 mm。

(3)锯条要上紧,并与锯弓成一条直线。首先下锯要轻,待出现直线锯痕后,再匀力匀速拉送锯条到头,防止用力过猛挫断锯条。锯轨过程中要随时浇水冷却。

(4)锯至接近轨底时,注意调整下锯姿势,先锯一侧轨底,锯进 1 ~ 2 mm 后,再锯另一侧轨底。最后使悬空钢轨断下。

(5)锯孔时,先固定好锯架,在扳钻上装好钻头,将钻头中心对准冲样孔,调整好扳钻后端在钻架上的位置,防止孔洞走偏。

(6)扳钻速度尽量匀称,钻孔过程保持淋水冷却,防止过热损坏钻头。

(7)钻通后,要清除眼孔毛刺,进行倒棱。

21. 如何使用内燃锯轨机锯轨?

答:线路下锯轨,先将钢轨摆平固定。

(1)将合格砂轮片装上主轴,再把砂轮压板装上主轴,拧紧左旋压紧螺钉,扭矩约为 30N · m。

(2)将比率为 25∶1 的汽油、机油混合燃油注入油箱至容积的 90% 。

(3)画好切割线,将夹板装置指示板与切割线对齐,夹轨器底面与钢轨表面靠紧,旋紧夹紧装置手柄,放下防脱落钩。

(4)将锯轨机机头安装孔对准夹轨装置安装轴插入,旋紧手柄,使机头固定在上摆臂上。

(5)启动锯轨机,让机器在怠速状态下空转 3 min 后,加大油门,将汽油机锁定在最大转速,在汽油机最大转速空转一会儿后,将砂轮片轻轻接触轨头(若砂轮片出现偏摆或跳动现象,则应停机更换砂轮片)。

(6)如图 25 所示,先锯轨头位置 1,锯至轨腰后再锯轨底位置 2,当砂轮片锯不到另一侧轨底时,翻转锯轨机机头至另一侧,顺着锯缝往下锯另一侧轨底位置 3。

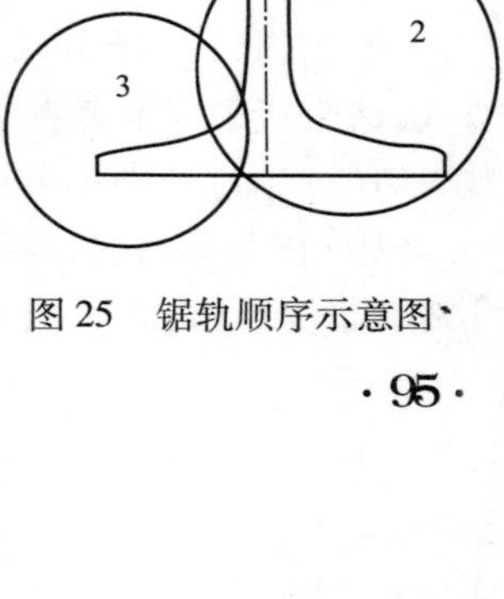

图 25　锯轨顺序示意图

(7)在锯轨过程中,下锯用力均匀,并前后摆动砂轮片,直到锯断。

(8)作业结束后,先松开油门扳机,扳动停机开关,让汽油机熄火。松开机头锁定手柄,取下锯轨机机头。抬起防脱落钩,松开夹轨装置手柄,取下夹轨装置。

(9)在锯轨过程中,锯轨的正前方和正后方严禁站人,以防砂轮片破碎伤人。机器操作者需戴防护眼镜。

22. 如何使用内燃钻孔机钻孔?

答:作业程序及要求如下:

(1)汽油加至油箱容积的90%。

(2)将冷却液注入气压冷却液罐中,旋紧密封盖。将冷却液管快速接头套插入主轴上的冷却液快速接头芯上,关好截门。用充气手柄打气5~20次,使冷却罐内保有一定的气压。

(3)安装钻头:将选好的钻头插入顶杆,把配好顶杆的钻头放进主轴内孔,用力顶住钻头,然后用内六角扳手旋紧紧固螺钉。

(4)将与钢轨同类型的定位板固定在钢轨端部,使端面限位板贴紧钢轨端面。

(5)安装孔距定位板:卸下两个沉头螺钉,插入定位板,当定位槽中显示的数字(50或60)与轨型相同时,拧紧沉头螺钉即可。

(6)启动机器:把启动开关拨至"ON"位置;把阻气杆移至关闭位置;按注油泵数次,见汽油回管中看到油流为止;拉启动手柄绳启动机器,使其怠速运转。

(7)将钻孔机按照定位板的定位槽安装在钢轨上,旋紧夹轨装置手柄,固定钻孔机。

(8)加大油门,使汽油机锁定在最大转速。

(9)打开冷却液开关,使冷却液流入钻头内孔,缓慢扳动进钻手柄,使钻头接触钢轨轨腰并开始切出铁屑,然后加大进钻力,并保持用力均匀(进钻过程中不可退钻,否则会损坏钻头)。

(10)快要钻通时,应减小进钻力,以防损坏钻头。钻通时,顶杆会将钻屑芯块顶出,此时把钻头退回至极限位置,把油门开关向后扳至极限位,把启动开关拨至(OFF)位置,关闭冷却液开关,钻孔结束。

在开始钻下一个孔时,应把钢轨上的铁屑清理干净,并确认钻屑芯块已从钻头中顶出。

23. 更换轨枕有何要求?

答:在“天窗”内作业,更换轨枕作业一般以两人(混凝土枕四人)为一组。

(1)扒道砟:当被换轨枕两侧间距基本相同时,应扒开与爬行方向相反一侧的轨枕盒道砟作为抽换轨枕的通道;两侧间距宽窄不同时,应扒开间距宽的一侧轨枕盒道砟;在大坡道上时,应扒开上坡一侧轨枕盒道砟;在双线线路上,应扒开与列车运行方向相反一侧轨枕盒道砟作为抽换轨枕的通道。宽度以不影响抽换为原则,另一侧不宜扒的过宽,应以穿入轨枕时不溜动为原则。

(2)扒砟深度:木枕扒至枕底下 30 mm 左右;混凝土枕为轨枕底下 60 mm 左右。

(3)起钉卸扣件:起出的道钉或卸下的扣件及防爬器、支撑、轨距杆,应放在另一轨枕盒内。

(4)抽出旧轨枕:用撬棍将轨枕拨到轨枕盒里,用轨枕钳或抬枕钳(索)将轨枕顺道砟槽抽出,不得使用镐、耙等损伤木枕防腐层。抽出轨枕后,整平枕底道床,其深度应较新枕厚度深 20 mm 左右。如枕下道床严重不洁或板结,则应先清筛后整平。

(5)换入新轨枕:用轨枕钳或抬枕钳(索)将轨枕顺道砟槽穿入。木枕应宽面在下,顶面与底面同宽时,树心一面向下。坡道上换木枕时,如遇缺棱木枕,应使缺棱部分在坡道上方;在爬行地段,应使缺棱部分背向爬行方向。轨枕穿入后,按规定间距拨正,放好垫板,串好道砟,一人撬起轨枕,一人打钉或紧扣件,随后捣固。

(6)安装防爬设备:将拆掉的防爬器、防爬支撑、轨距杆等按标准要求安装好。

(7)回填整理道床:把挖出的道砟回填到两端轨枕头及轨枕盒内,整平夯实,并将枕面和钢轨上的尘土清扫干净。

(8)当天收工前,对被换轨枕进行第二遍捣固。

24. 方正轨枕作业有何要求?

答:成段方正,在“天窗”内结合抬道进行。个别方正,在现场防护条件下进行。

(1)松开有碍的防爬器,拆除防爬支撑,冒起道钉或松动扣件。

(2)根据轨枕偏斜程序和方动的方向,扒开移动一侧枕边的道砟(轨枕端部道砟尽可能不动)。

(3)在需方动轨枕的另一侧放置好方枕器,或利用防爬器加承力板进行方枕。方枕时要先试拨,移动后用劲加压方枕器;打防爬器时,可用撬棍配合拨动。不用锤、镐敲打轨枕。

(4)方动量大于 100 mm 时,方正后应进行捣固。方正后的偏差小于规定要求。枕边距焊缝距离应大于规定要求。

(5)方好后,整理好防爬设备,打紧浮钉或拧紧扣件,整平夯实道床。

25. 如何进行硫磺锚固作业?

答:应带工具材料:螺栓扳手、长柄方口扳手或长柄管钳、喷灯、铁锤、筛子、小平铲、灌浆勺、小铁匙、铁锅、剁子、空心烫孔器、锚固架、硫磺、水泥、砂、石蜡、螺纹道钉及螺帽。

锚固料成分配合比,根据气候和材料技术条件,在以下范围选用:

硫磺∶水泥∶砂∶石蜡 =1∶0.4 ~0.6∶1.2 ~1.5∶0.01 ~0.03

少量配制可以下配合比:

硫磺∶水泥∶砂∶石蜡 =1∶0.5∶1.3∶0.02

锚固料混合后加热,80 ℃熔化,130 ℃ ~140 ℃最稀,160 ℃ ~180 ℃变稠,220 ℃燃烧。

熔制工艺及要求:

(1)根据需锚量,按配合比分别称好各种材料。

(2)选择好熔制位置,架锅烧火,先将砂放入锅内(切不可先放硫磺),炒拌加热至 100 ℃ ~120 ℃,再将水泥放入锅内搅拌加热至130 ℃左右,最后将硫磺和石蜡放入锅内,继续搅拌加热,使熔液混合均匀。在搅拌加热过程中,不能使水和雨雪进入锅内以免影响质量。当熔液由稀变稠成液胶状时即停火使用,此时温度约为 160 ℃ ~180 ℃。

锚固流程:

(1)线上在防护条件下进行,线下随时进行。

(2)退钉:卸下轨枕扣件,用烧热的空心烫孔器或喷灯将原有硫磺锚固物烧化,并用小铁匙边烫边掏取出熔融物和螺纹道钉。烫孔时要注意扩大下面孔径,清理好钉孔,恢复原来的喇叭形。

(3)堵孔:用粗砂将孔底封死并捣实,钉孔有效深度不少于160 mm。

(4)灌浆:用灌浆勺将熔制好的硫磺熔融物均匀地注入钉孔内,注至浆液距钉孔顶面10 mm左右即可。

(5)安锚固架:将锚固架安放在轨枕钉孔位置顶面,使铁座的后斜面紧靠轨枕挡肩,左右对正,以控制螺纹道钉位置。

(6)插钉:手持螺纹道钉,顺锚固架的钉孔中心,左右旋转慢慢地垂直插入,使其方盘落在锚固架上,钉杆紧靠锚固架的半圆壁。螺纹道钉无俯、仰、歪、斜现象,螺纹道钉方(圆)盘底距承轨台面的距离:扣板式扣件为6~8 mm,弹条扣件为0~2 mm。待硫磺熔融物凝固后,撤除锚固架。

(7)修理钉孔面:用小平铲铲平溢出钉孔外的硫磺熔融物,使台面平整清洁,并将铲下的熔融碎片收拾好,以备回锅再用。

(8)上扣件:将已锚螺钉丝杆涂油,安装好扣件,拧紧螺帽,使扭矩达标。

26. 如何进行轨缝调查?

答:在现场防护条件下进行作业。调查实际轨缝,应与调查左右两股钢轨轨缝的直角相错量同时进行。一般由两人配合进行。

以计算里程方向钢轨始端的轨缝作为该号轨的轨缝,亦以该端两轨端的相错量作为该号钢轨的接头相错量。

测量轨缝时,用楔形轨缝尺由钢轨头部外侧插入,读取尺上数据。

测量接头相错量时,一人用方尺的中尺边对准左股钢轨的轨端线,在右股,另一人用直尺量取方尺中尺边至轨端的距离,此距离即为相错量。

接头相错量有正负之分，一般规定，以左股为准，沿计算里程方向，当右股往始端错动时，接头相错量为正，反之为负。

当调查结果不符合接头轨缝和接头相错量规定要求时，应考虑进行轨缝调整作业。

27. 如何进行轨缝调整?

答：成段轨缝调整应经过计算。轨缝调整作业在“天窗”点内进行。

调整轨缝时，应根据钢轨串动量来安排作业计划，同时决定是否插入短轨头。如轨缝普遍偏大或偏小，总误差不符合规定时，要在成段调整轨缝的同时考虑安排调整钢轨长度计划。调整轨缝作业时，要按每根钢轨的计划串动量去串动钢轨，而不能以计划轨缝值为依据。

成段轨缝调整可安排流水作业，一组在前松动零部件，二组串动钢轨，三组在后整理零部件。作业流程如下：

(1)在靠近接头的钢轨轨底和垫板(或扣板)上用石笔画一条直线，作为钢轨串动的依据。

(2)木枕地段打松影响串动的防爬器，松开串动轨的轨距杆，起出接头处的道钉，混凝土地段，松动扣件。卸开串动方向一侧的接头螺栓，另一侧稍作松动。

(3)按串动方向，将轨缝调整器放置在被调整的钢轨接头处，下压夹紧装置手柄，机体下落在轨面上，摇动操纵杆，使油缸活塞杆伸出20～30 mm后，继续下压夹紧装置手柄使斜铁咬住钢轨轨头。

(4)按顺时针方向旋转关闭回油阀，摇动操纵杆开始压油。此时注意观察斜铁是否夹住钢轨轨头，如斜铁未夹住轨头在打滑，则必须继续下压夹紧装置手柄，直至夹紧轨头后才能正常作业。

(5)在被调整的轨缝中塞入预计轨缝值厚度的木(竹)片，以防轨缝被挤瞎。

(6)钢轨串动到位后(或是油缸行程超过最大值140 mm时)，松开回油阀和夹紧的斜铁，将夹紧装置手柄抬起，使整机全部复原。将轨缝调整器移到新的作业位置，重新下一轮操作，直到全部调整完毕。

(7)每当调整好一处接头轨缝，即将调整好地段的零部件安装紧固好。

(8)三天后将轨缝调整地段的螺栓、扣件,全部重新拧紧一遍。

28. 如何进行矫直钢轨作业?

答:矫直钢轨作业在“天窗”点内进行。

作业程序如下:

(1)调查钢轨硬弯矢度:背着阳光,距离硬弯处 10 ~ 15 m,沿轨距线看,确定硬弯位置。

(2)用 1 m 直尺和塞尺,测量硬弯矢度(最好在冬季低温时测量,此时钢轨受拉应力影响,矢度值最大最真实,即所谓“冬量夏整”,作业时复量)。用石笔画上调整位置和调整方向。

(3)根据硬弯起止点位置,起掉道钉或卸掉扣件,并用石笔平轨底侧边画一条线,以测调直量。

(4)根据调直方向,安装直轨器。直轨器应垫平、摆正使之与钢轨垂直、密贴。

(5)关闭油阀,摇动加压,动作不宜太快。

(6)根据气温情况,确定调直量。实际调直量应为硬弯矢度的 1.6 ~ 2.0 倍。

(7)根据硬弯长度,可分次调直,每次移动相隔为 100 ~ 200 mm。

(8)调直完毕,对照轨距,打好道钉或上紧扣件。

(9)整治后矢度:$v_{max}>120$ km/h 线路应小于等于 0.3mm,$v_{max}\leq 120$ km/h 线路应小于等于 0.5 mm。

29. 如何安装整正防爬设备?

答:在现场防护条件下作业。

(1)扒开安装防爬器及防爬支撑位置的道砟。安装防爬支撑的轨枕如有偏斜时应先予以方正。

(2)在距轨底边缘 350 mm 处划线,量裁木撑,对齐安装。如系石质支撑,可加塞木片调整紧密。

(3)在钢轨底板挂上防爬器,插上销子,在防爬器支撑面与轨枕侧面间放上承力板。

(4)用道钉锤在轨底两侧向轨枕方向轮流轻轻击打防爬器,直到紧靠轨枕,打紧防爬器销子,最后锁定。

(5)清除杂物,回填整平道床。

30. 如何更换接头夹板及整治错牙?

答:更换接头夹板作业应在“天窗”点内进行。

(1)起钉或卸扣件:起下接头木枕的道钉或卸下混凝土枕的扣件。

(2)卸螺栓:用扳手将螺栓卸下,6 孔夹板按 1—4—2—5—3—6 顺序,4 孔夹板按 1—3—2—4 顺序拆卸。

(3)卸夹板:使用撬棍尖或扳手柄插入轨腰与夹板之间撬动卸下夹板。

(4)去尘除锈:使用钢丝刷、小扁铲、毛刷将钢轨、夹板、螺栓等去尘除锈。

(5)涂油:对夹板上下缘和螺栓杆进行涂油。

(6)上夹板及螺栓:上夹板时注意再用夹板里外口是否有磨损需要内外调换,是否存在错牙。如果存在错牙,根据轨距状况,选择 3 或 4 序号位螺栓加垫圈,轨距偏大,在外口夹板与轨腰之间加垫圈,如轨距偏小,则在里口夹板与轨腰之间加垫圈。上螺栓按 1—2—3—4—5—6 序位的 1—3—5 和 2—4—6 号位螺栓的螺帽分别朝向钢轨的内侧和外侧,注意使弹簧垫圈口向下,拧紧螺栓。

(7)对照轨距,打好道钉或上好扣件,最后按顺序复紧接头螺栓:6 孔夹板按 1—5—4—3—6—2 顺序进行;4 孔夹板按 4—1—2—3 顺序进行。

31. 混凝土枕扣件涂油有何要求?

答:成段混凝土枕扣件涂油应在“天窗”点内进行。

(1)涂油周期一般为一年一遍。

(2)松卸扣件:卸下螺帽,按垫圈—扣板(轨距挡板)—铁座(挡板座)—小胶垫取下各部件,放置在轨枕面上。

(3)清扫除锈:用钢丝刷清除螺栓及轨底面的积锈污垢,用小扁铲清除承轨台面的油泥和积土。

(4)涂油:螺杆和丝扣均匀涂抹油脂,特别注意螺杆朝钢轨一面。

(5)安装扣件:依次正确安装小胶垫—铁座(挡板座)—扣板(轨距

挡板)—垫圈,作业过程中发现损坏或不良零部件,应同时更换,安装拧紧螺帽。

(6)当天计划涂油数量完成后,用长扳手对轨枕螺栓全面复紧一遍,使扭矩符合规定标准。在螺栓复紧后,用长效油脂对螺杆露出螺帽部分进行封口。

(7)3 天后,对涂油扣件,全面复紧一遍。

32. 道岔辙叉改道应注意什么?

答:道岔辙叉改道应注意各尺寸之间的关系,这是因为辙叉部分的轨距,既受查照间隔和护背距离的控制,同时又受护轨轮缘槽宽和翼轨轮缘槽宽的控制。

当护轨轮缘槽宽与翼轨轮缘槽宽之和大于 87 mm 时,轨距才能有正误差;当护轨轮缘槽宽小于 44 mm 时,轨距才能有负误差。

当护轨轮缘槽宽为 43 mm,翼轨轮缘槽宽为 45 mm 时,容许误差范围为 ±1 mm。

当护轨轮缘槽宽为 42 mm,翼轨轮缘槽宽为 47 mm 时,容许误差范围为 ±2 mm。

当护轨轮缘槽宽为 41 mm,翼轨轮缘槽宽为 49 mm 时,容许误差范围为 ±3 mm。

在改道时,要予以注意,不仅要符合规定标准,还要注意尺寸的误差情况。

33. 整平路肩有何要求?

答:(1)清除路肩上杂草,防止雨水停滞在路肩上。除草时不要损伤路肩面,铲下的草不要堆于坡顶。

(2)路肩不平有坑洼时,要用与原路基相同的土壤填补坑洼,并进行夯实。使其有向外的流水缓坡,其坡度不超过 1∶20。

(3)黏性土土壤路肩,禁止用砂或旧道砟填补坑洼。

(4)路肩如有裂缝,应先清除裂缝内的杂物,再用与路肩相同的土壤填塞,夯实。不宜用砂子或易于透水的材料填塞裂缝。

(5)所有弃土,在路堤地段,应弃于边坡下面;在路堑地段,应运出路堑范围以外。

（6）整平后的路肩，应达到平整、坚实、无积水现象，无裂缝和杂草。

34. 如何进行宽枕垫砟作业？

答：在“天窗”点内进行，作业轨温不超过实际锁定轨温 +10 ℃ ~ −15 ℃的范围。

作业程序及要求如下：

（1）使用专用起道机和垫砟铲。

（2）调查作业处所，根据每块板左右、钢轨内外具体情况，确定垫砟量，做好标记。

（3）抽下嵌条。

（4）扒开板头道砟：深度低于枕板底 20 mm。

（5）扒起道机窝。

（6）起道：两台起道机同时作业，起道机放置平稳，同起同落。枕端一次起高量：单股起道不超过 60 mm，双股起道不超过 50 mm。

（7）垫砟：根据确定的垫砟量，采用规定粒径的细砟，用量砟筒量砟，均匀地散布到垫砟铲上。送砟时，后手稍压铲把使铲头微向上翘，然后将铲平稳伸入宽枕板下，送到位后，用后手持铲向前一送，随即向后抽铲，使碎石均匀地撒铺在捣固范围内。每侧板下分两次垫，但两次撒下的碎石不宜重叠或分离。

当板上有垫板时，应先撤去板上垫板再垫砟。

（8）每次垫砟厚度不宜超过 20 mm。

（9）回填道砟：按标准断面回填夯拍道床。

（10）上嵌条，清扫轨枕板面。

（11）两次垫砟之间，应间隔一个月时间。

35. 清理排水设备有何要求？

答：（1）清理前应先测量排水纵坡坡度，或是利用雨天观测存水情况，做好标记作为填补的依据。

（2）整平排水边坡及对低洼处所进行填平夯实。

（3）清除淤泥、杂物和杂草。除草时边坡的草根要保留。侧沟清理时沟底面要低于盲沟 0.15 ~ 0.30 m。

(4)对易于发生冲刷地段,可用装有黏土的草袋或用片石进行加固防护。

(5)不得把淤泥及泥土、杂草、垃圾等弃于路堑边坡上,应运出路堑以外。

(6)清理后的水沟,排水坡度要符合规定要求,底面平整无积水,边坡完整无缺。

36. 封锁施工防护需使用哪些信号标志?如何设置?

答:区间封锁施工,需使用停车信号牌、响墩和红色信号旗。

停车信号牌设在距离施工工地两端 20 m 的线路中心。

响墩设置三枚为一组。面向施工工地,左侧钢轨轨面设二枚,右侧钢轨轨面设一枚,两枚间距为 20 m,最远一枚响墩距离工地 860 m。

端头防护员在距离工地 800 m 的运行方向左侧(双线为施工线的外侧)路肩上显示展开的红色信号旗,工地防护员在施工长度范围内显示展开的红色信号旗。

站内封锁施工,不设置响墩。停车信号牌一般设在距离工地 50 m 的线路中心。如两端道岔能做到扳向不能通往工地并锁闭,可不再设停车信号牌。

特殊施工位置,停车信号牌按有关规定设置。

37. 慢行施工防护需使用哪些信号标志?如何设置?

答:区间慢行施工,需使用减速地点标、减速信号牌及减速终端信号牌,速度 120 ~ 160 km/h 区段,增设 T 字减速信号牌。

减速地点标设置:单线为运行方向左侧,双线为施工线的外侧,纵向距离施工地点 20 m,横向距离线路中心 3. 1 m(距钢轨头部外侧约 2. 4 m)的路肩上。

减速信号牌设置:单线为运行方向左侧,双线为施工线的外侧,纵向距离施工地点 800 m,横向距离线路中心 3. 1 m(距钢轨头部外侧约 2. 4 m)的路肩上。

T 字减速信号牌设置:单线为运行方向左侧,双线为施工线的外侧的来车方向一侧,纵向距离施工地点 1 400 m,横向距离线路中心3. 1 m(距钢轨头部外侧约 2. 4 m)的路肩上。

靠近进站信号机的区间施工，对车站方向的减速信号牌和T字减速信号牌的设置，视进站道岔后警冲标至工地的距离而定，进站道岔后警冲标至工地的距离满足1 400 m时，此端不设T字减速信号牌，减速信号牌设在相对警冲标位置。进站道岔后警冲标至工地的距离不足800 m距离时，此端T字减速信号牌和减速信号牌按规定1 400 m和800 m位置设置。

减速地点标为双面标志，其正面表示施工地段的始端，反面表示施工地段的终端。

减速信号牌为双面标志，其正面表示前方施工地段需限速，请按标示公里数限速。反面表示限速终止，从此可按规定速度运行。

在双线地段施工时，注意减速地点标和减速信号牌正反面的正确设置。

站内慢行施工，不使用减速地点标。

站内正线及正线道岔慢行施工，对区间方向的减速信号牌和T字减速信号牌的设置，视施工地点至进站信号机的距离而定。施工地点至进站信号机的距离满足800 m时，减速信号牌设在进站信号机相对位置，T字减速信号牌按规定1 400 m位置设置。施工地点至进站信号机的距离满足800 m时，此端免设T字减速信号牌。

施工地点至进站信号机的距离不足800 m时，此端减速信号牌和T字减速信号牌均按规定距离位置设置。

站线慢行施工，减速信号牌按运行方向左侧设在两端警冲标相对位置。

站线道岔慢行施工，减速信号牌（双面黄色）按进站方向左侧设在道岔中部相对位置。

凡站内施工，使用的信号标志，均为矮型(1 m)。

38. 如何理解起道顺坡率?

答:根据起道高度，按照千分率，就是每一米需减缓高度多少。反过来说，按照规定的顺坡率，起道一定的高度，需要多长距离把它降为零，如v_{max} = 120 km/h区段，起道量为60 mm时，其顺坡长度为30 m（即每一米长度减缓2 mm，60 ÷ 2 = 30 m）；v_{max} = 160 km/h区段，起道量为 60 mm 时，其顺坡长度为 60 m（即每一米长度减缓 1 mm，60 ÷ 1 = 60 m）；如 $v = 180$ km/h 区段，起道量为 60 mm 时，其顺坡长度为 75 m（即每一米长度减缓 0.8 mm，60 ÷ 0.8 = 75 m）。

39. 使用大型养路机械进行线路维修前，设备管理单位应做好哪些配合工作？

答：设备管理单位应做好以下配合工作：

（1）向施工单位提供有关线路技术资料。

（2）需补砟地段补充好道砟。

（3）更换伤损胶垫和配件。

（4）撤除作业地段调高垫板。

（5）撤除（铺设）道口铺面。

（6）拆除（安装）有砟桥上护轨。

40. 在自动闭塞和有轨道电路区段施工时，应严格执行哪些规定？

答：在自动闭塞和有轨道电路区段施工时，应严格执行以下规定：

（1）养路机具、轻型车辆、轨道检查小车、道尺等，均必须有绝缘装置。

（2）单轨小车、吊轨小车手柄及撬棍等，均应安装绝缘套管。

（3）取放工具、抬运钢轨、辙叉及金属料具，不得搭接两股钢轨、绝缘接头、引入线及轨距杆。

41. 如何保证可动心轨辙叉道岔防松螺母的扭矩？

答：尖轨顶铁、限位器及护轨轨撑部位安装防松螺母。

当防松螺母为双层螺母，作业时严禁上下螺母一起拧紧，应先拧松上螺母，而后按规定扭矩拧紧下螺母，最后再拧好上螺母。上螺母不宜拧得过紧（其扭矩为下螺母的 50% ~80%），上、下螺母接触端面间应有少许间隙。具体要求如下：

ϕ20 mm 的下螺母扭矩 150 N · m，上螺母扭矩 75 ~ 120 N · m，间隙0.5 ~ 0.8 mm。

ϕ22 mm 的下螺母扭矩 190 N · m，上螺母扭矩 95 ~ 152 N · m，间隙0.5 ~ 0.8 mm。

ϕ24 mm 的下螺母扭矩 250 N · m，上螺母扭矩 125 ~ 200 N · m，间

隙1.2～1.5 mm。

ϕ27mm 的下螺母扭矩 380N·m,上螺母扭矩 190～304 N·m,间隙1.2～1.5mm。

42. 预防尖轨扎伤及磨损的措施有哪些?

答:预防尖轨扎伤及磨损可采取以下措施:

(1)防止尖轨跳动,更换不标准的顶铁,确保尖轨与基本轨密贴。或在尖轨中部加装防跳器。

(2)及时更换磨耗超限的基本轨。

(3)如尖轨尖端过高、尖轨尖端顶面过宽,应及时将尖轨锉平、锉薄,严重的应及时焊补或更换。

(4)如行车繁忙,尖轨很快磨损时,除对尖轨进行焊补外,可在尖轨尖端附近安设防磨护轨。

43. 如何测量确认尖轨爬行?

答:测量尖轨爬行,主要检查尖轨尖端至道岔始端的距离(至基本轨轨缝中心的距离,即设计图中的 q 值,即尖轨尖端前基本轨长)是否符合规定尺寸,当其前后移动量大于 20mm 时,视为爬行超标。

不同类型道岔的 q 值(尖轨尖端前基本轨长)如表 34 所示。

在实际检测中,可直接测量尖轨尖端至基本轨轨端的距离,实际测量值加 4 mm(半个标准轨缝)后的值大于或小于尖轨尖端前基本轨长度 q 值 20 mm,视为该道岔尖轨爬行超标。

表 34 尖轨尖端前基本轨长度(mm)

序 号	钢轨类型(kg/m)	道岔型号	尖轨前基本轨长度	尖轨尖端至基本轨轨端的长度
1	43	9	2 650	2 646
2	43	12	2 650	2 646
3	50	9	2 650	2 646
4	50	12	2 650	2 646
5	50	AT12	2 850	2 846

续上表

序　号	钢轨类型(kg/m)	道岔型号	尖轨前基本轨长度	尖轨尖端至基本轨轨端的长度
6	50	18	3 878	3 874
7	60	AT 特 9	2 860	2 856
8	60	AT12	2 850	2 846
9	60	AT12 提速	2 916	2 912
10	60	18 可动心轨	3 878	3 874
11	60	12 可动心轨	2 920	2 916
12	60	提速 18	3 520	3 516

44. 编制月度维修计划的主要内容包括哪些?

答:编制月度维修计划的主要内容包括:

(1)综合维修及经常保养的主要项目、数量、地点、材料和人工数。

(2)工作量调查、验收的人工数。

(3)经常保养的主要内容、材料和人工数。

(4)临时补修人工数。

(5)天窗计划。

45. 什么是胀轨跑道?

答:胀轨跑道定义如下:

(1)胀轨:线路碎弯多,以 10 m 弦测量,矢度 8 ~ 12 mm 为胀轨迹象,矢度 13 ~ 24 mm 为胀轨现象。

(2)跑道:线路轨向突发不良,矢度大于 24 mm 为跑道。

46. 如何预防胀道跑道?

答:在夏季作业中

(1)发现轨向、高低不良,起道、拨道省力,枕端离缝时,必须停止作业,及时采取填满枕盒道砟,堆高砟肩和夯拍道床的措施。

(2)当线路方向不良,连续现出碎弯,其矢度平均值达到 10 mm 时是胀轨预兆,必须设置慢行信号防护,采取填满枕盒道砟,堆高砟肩和夯拍道床的措施。

(3)当轨向不良,其两股钢轨矢度平均偏差值达到 12 mm 时,是胀轨现象,必须立即设置停车信号防护,采取填满枕盒道砟,堆高砟肩、夯拍道床,对钢轨降温等措施。

当线路连续出现碎弯并有胀轨迹象时,现场必须加强巡查或派专人监视,观测轨温和线路方向的变化。并立即通知车站,要求慢行或封锁区间。无法通知车站时,应拦停列车。

47. 胀轨跑道后如何处理?

答:发生胀轨跑道,应及时设置停车信号防护,并根据现场具体情况,采取积极措施恢复线路。

(1)浇水降温法:一般从胀轨跑道范围以外两侧 50 ~ 100 m 开始,由两端向中间反复浇淋,最好在钢轨上覆盖草袋或麻袋。轨温明显下降后,拨回线路。曲线地段只能上挑,不能下压。拨道后夯拍道床,限速 5 km/h 放行列车。

(2)拨曲线法:当缺少水源或轨温过高,或经长时间浇水降温仍不能恢复线路时,在胀轨跑道范围内由两端向中间拨成半径不小于 200 m的反向曲线,限速 5 km/h 放行列车。

(3)困难条件下,用乙炔切割钢轨,松开扣件放散应力,然后用夹板及急救器加固,限速 5 km/h 放行列车。派人监视,并在 24 h 之内锯轨,重新处理。

各种方法的处理,都要待轨温降至接近锁定轨温时,再恢复线路和正常行车速度。

48. 视觉停车信号有哪些? 如何显示?

答:昼间:设在线路上的红色停车牌、面向列车展开的红色信号旗、显示红色灯光的区间或站内信号机。无规定信号时,两臂高举头上向两侧急剧摇动。

夜间:面向列车显示的红色灯光、点燃的火炬信号火光。无规定信号时,面向列车用白色灯光或火光上下急剧摇动。

49. 何种情况下工务人员必须及时拦停列车?

答:发现下列情况之一时,工务人员必须果断拦停列车:

(1)水漫钢轨时;

(2)道床冲空,路基边坡冲刷或坍塌严重,危及行车安全时;

(3)山体滑坡、落石坍塌物侵入限界时;

(4)发生倒树侵入限界时;

(5)路基发生陷穴或松软下沉,线路几何尺寸发生较大变化时;

(6)桥梁基础冲空或桥墩冲歪桥上轨面方向严重变化时;

(7)发现断轨(含焊缝断裂)时;

(8)发现线路胀轨跑道时;

(9)其他情况或障碍,危及行车安全时。

50. 发现危及行车安全的灾害或故障时如何防护?

答:按照“先防护、后处理”及“宁停勿撞”的原则,利用一切可利用的防护信号用品,首先对列车进行防护。

有无线电台(对讲机)的,利用监听频道,迅速通知运行列车和车站(调度所),拦停或扣发列车。

轨道电路区段,利用任何金属物体,在故障体前的来车方向搭联两股钢轨,使信号机亮红灯,迫使列车停车。

昼间有信号旗时,展开红色信号旗奔向列车。夜间或恶劣天气面向列车显示红色信号灯光或点燃火炬。

有响墩且时间允许时,按规定距离设置响墩。时间不充裕时,将其设在能赶到的钢轨轨面上。

有口笛或喇叭时,奔向列车发出连续短声。

无任何信号用品时,昼间,面向列车两臂高举头上向两侧急剧摇动;夜间,面向列车用白色灯光或火光上下急剧摇动。

51. 道口看守作业中的“六注意”内容是什么?

答:六项注意:注意道口铺面板是否稳固;注意轮缘槽内有无杂物;注意接车时本人是否侵入限界;注意关闭栏杆或关闭栏门时防止扎(打)伤行人;注意迎接列车时信号显示是否正确;注意运行列车有无物体坠落和燃轴等异常情况。

52. 道口发生故障时如何防护?

答:有无线调度电话时,必须连续呼叫,直至司机应答为止。

有短路装置时,立即使用短路装置,使信号机显示红灯。

有道口电话时，迅速用电话通知车站或邻近道口，要求扣发和拦停列车。

有故障报警器时，立即按故障报警器的“故障”键。

无上述设施时，立即在故障地点来车方向一侧设置高杆红旗一面（夜间为红灯），遇暴风雨、雪、雾天或夜间还应点燃火炬；然后确认，再向来车方向端按规定距离设置响墩。

53. 道口发生故障时应如何处理？

答：道口发生故障时，必须执行“先防护、后处理”和“宁停勿撞”的原则。

道口员必须首先判断故障物是否侵入限界。双线区间和站内道口，确认障碍物只影响本线，不侵入邻线建筑限界时，应放行邻线列车，防护本线。

处理道口故障，应组织就近铁路职工和行人或指挥就近机动车辆将障碍物清出铁路建筑限界之外，清除一线开通一线。

道口故障排除后，及时撤除所有停车防护迅速用无线调度电话呼叫司机或按道口故障报警器的“平安键”；再电话通知车站和相邻道口恢复行车。